共同富裕背景下的县域经济发展研究

赵胜男 著

辽宁科学技术出版社

·沈阳·

图书在版编目(CIP)数据

共同富裕背景下的县域经济发展研究 / 赵胜男著
. —沈阳 : 辽宁科学技术出版社, 2022.12
ISBN 978-7-5591-2851-5

Ⅰ. ①共⋯ Ⅱ. ①赵⋯ Ⅲ. ①县域经济—区域经济发
展—研究—中国 Ⅳ. ①F127

中国版本图书馆CIP数据核字(2022)第243699号

出版发行：辽宁科学技术出版社
　　　　　(地址:沈阳市和平区十一纬路25号　邮编:110003)
印　刷　者：辽宁鼎籍数码科技有限公司
幅面尺寸：170mm×240mm
印　　张：13.375
字　　数：250千字
出版时间：2022年12月第1版
印刷时间：2022年12月第1次印刷
责任编辑：高雪坤
封面设计：博瑞设计
版式设计：博瑞设计
责任校对：张　珩
书　　号：ISBN 978-7-5591-2851-5
定　　价：48.00元

编辑电话：024-23284360
邮购热线：024-23284502
http://www.lnkj.com.cn

前　言
PREFACE

　　什么是共同富裕？一般来说，应该从生产力和生产关系两个角度来理解。"富裕"反映了社会对财富的拥有，是社会生产力发展水平的集中体现，"共同"则反映了社会成员对财富的共享方式，是社会生产关系性质的集中体现。社会主义的共同富裕不仅仅是物质财富上的共同富裕，还应该包括精神财富上的共同富裕。共同富裕的主体是全体人民，共同富裕的对象也是全体人民。中国特色社会主义共同富裕道路，就是在中国共产党领导下，坚持中国特色社会主义制度，不断解放和发展生产力，不断创造出更多、更好的物质财富和精神财富，促进人的全面发展，逐步实现全体人民共同富裕的历史进程。共同富裕，对于中国来说，是一个悠久而重要的话题。

　　县域经济是国民经济最基本的区域单元，是整个国民经济的重要组成部分，更是全面建成小康社会、加快城镇化建设的"基础工程"。加快县域经济发展是增强区域经济综合竞争能力、实现富民强县的现实需要。随着我国经济发展方式的转型和改革的全面深入，县域经济无论从其经济规模、经济效益、产业特色、产业结构，还是品牌发展等方面来讲，都无疑是中国经济发展越来越重要的基础性力量，因此具有较高的研究价值。

　　共同富裕是实现中国式现代化的根本途径，是一个总体概念，是当前和今后一个时期内谋划各个方面工作的总抓手。以县城为载体的城镇化建设关系社会主义现代化建设大局，关系全国一半人口共同富裕目标的实现,提振县域经济实力是重中之重。县域经济是国民经济的基本单元,关乎国民经济的兴衰全局。共同富裕背景下的县域经济发展有着重大的机遇,同时也面临着巨大的挑战,如何以县域经济牵动区域经济高质量发展是我们当下应当急切思考的问题,新时代条件下的县域经济需要融入更多新的能量,找到更合适的发展道路,为人民谋求更好的幸福生活。

赵胜男

2022年9月

目　录
CONTENTS

第一章　迈向共同富裕新征程 ·············1

第一节　全面理解共同富裕内涵之新 ·············1

第二节　实现共同富裕的发展基础与挑战 ·············10

第三节　在高质量发展中促进共同富裕 ·············20

**第二章　共同富裕背景下基于全国统一大市场的
县域经济发展** ·············23

第一节　加快建设全国统一大市场的意义 ·············23

第二节　构建基于全国统一大市场的县域经济新发展格局 ·············29

第二节　抢抓"全国统一大市场"建设机遇推动县域产业
高质量发展 ·············34

**第三章　共同富裕背景下基于新发展理念的
中国县域经济发展** ·············43

第一节　县域经济的理论概述 ·············43

第二节　中国县域经济发展的现状分析 ·············59

第三节　新发展理念引领县域经济发展的关键之举 ·············64

**第四章　共同富裕背景下基于绿色发展理念的
县域经济发展** ·············94

第一节　绿色发展理念概述 ·············94

第二节　绿色发展理念下县域经济发展模式选择及制约因素 …99

第三节　绿色发展理念下构建县域经济发展模式的新路径 ……107

第五章　共同富裕背景下基于乡村振兴的
　　　　县域经济发展模式——以河南省为例 …………113

第一节　乡村振兴概述 …………………………………113

第二节　河南省县域经济发展现状与实证分析 …………115

第三节　河南省激发乡村振兴内生动力的

　　　　县域经济发展模式选择 …………128

第六章　共同富裕背景下新型城镇化与县域经济发展 ……138

第一节　新型城镇化概述 ………………………………138

第二节　县域经济发展进程中城镇化问题分析 …………141

第三节　新型城镇化促进县域经济发展的

　　　　客观条件及案例分析 …………151

第四节　以新型城镇化建设破解县域经济发展难题的

　　　　现实实践 …………156

第七章　共同富裕背景下普惠金融与县域经济发展 ………173

第一节　普惠金融概述 …………………………………173

第二节　银行对县域经济发展的贡献研究 ………………175

第三节　普惠金融背景下银行支持县域经济发展机制构建 ……179

第八章　共同富裕背景下县域经济发展中的
　　　　政府职能转变——以永城市为例 ……………192

第一节　政府经济职能转变相关理论基础 ………………192

第二节　永城市政府在发挥经济职能方面存在的问题与分析 …196

第三节　永城市政府推动县域经济发展的经济职能转变路径 …199

参考文献 ……………………………………………207

第一章　迈向共同富裕新征程

第一节　全面理解共同富裕内涵之新

一、深刻把握共同富裕的内涵

共同富裕是社会主义的本质要求，是中国式现代化的重要特征。习近平总书记在全国脱贫攻坚总结表彰大会上强调："随着我国全面建设社会主义现代化国家、开启全面建设社会主义现代化国家新征程，我们必须把促进全体人民共同富裕摆在更加重要的位置，脚踏实地，久久为功，向着这个目标更加积极有为地进行努力。"习近平总书记关于共同富裕的一系列重要论述，丰富和发展了马克思主义理论，丰富和发展了新时代中国共产党执政理念和治国方略，是对中国共产党人带领全体人民实现共同富裕奋斗目标的当代探索与实践，为我国实现第二个百年奋斗目标指明了方向、提供了遵循。

（一）共同富裕是关系党的执政基础的重大政治问题

中国共产党是以人民为中心的政党，江山就是人民，人民就是江山，人民拥护和支持是党执政的最牢根基。在省部级主要领导干部学习贯彻党的十九届五中全会精神专题研讨班开班式上，习近平总书记强调："实现共同富裕不仅是经济问题，而且是关系党的执政基础的重大政治问题。"中国共产党对人民作出了实现共同富裕的庄严承诺，这是中国共产党为中国人民谋幸福、为中华民族谋复兴这一初心使命的真实表达，是共产党执政的奋斗目标。是否满足人民群众的需求，实现人民群众的期盼是检验一个政党、一个政权性质的试金石。只有站在人民群众的立场上，从维护人民的共同利益出发，扎实推进全体人民的共同富裕，才能夯实党的执政基础,巩固党的执政地位。

在一个占世界近四分之一人口的大国实现共同富裕是前无古人的历史任务,在这个过程中,中国共产党的历史责任和中国人民的期望紧密相连。因此,推动共同富裕就要充分发挥党总揽全局、协调各方的领导作用,坚持全国"一盘棋",形成上下联动、东西协调、全社会力量广泛参与的生动局面。要坚持以人民为中心的发展思想,尊重人民群众的首创精神,充分调动人民群众的积极性和主动性,不断从中汲取创新、创造的活力。要推动基本公共服务均等化,加强基础性、普惠性、兜底性民生保障建设,真正走出发展依靠人民、发展为了人民、发展成果由人民共享的共同富裕之路。

(二)共同富裕是社会主义基本经济制度优越性的彰显

习近平总书记在中央财经委员会第十次会议上强调:"共同富裕不是少数人的富裕,也不是整齐划一的平均主义。"这就要求必须坚持按劳分配为主体、多种分配方式并存的分配制度,要在保障劳动者利益的共同性、一致性的基础上,极大地调动各方面的积极性。共同富裕意味着社会财富分配的公平正义,其中,"富裕"是从量上反映生产力的发展水平,"共同"则是从质上反映社会成员对财富的占有情况。实现共同富裕不仅是社会主义的本质要求,更是社会主义经济制度的集中体现。

新发展阶段,面对人民日益增长的美好生活需要和不平衡不充分的发展之间的矛盾,必须提高发展的平衡性、协调性、包容性,加快完善社会主义市场经济体制是走好共同富裕之路的关键一环。因此,推动共同富裕就必须解放和发展社会生产力,坚持高质量发展,推动经济社会朝着富裕发达的方向发展,做大社会财富的"蛋糕"。必须完善公有制为主体的生产资料所有制,做强做优做大国有资本和国有企业,加强公共产品的生产与供给。必须坚持按劳分配的分配制度的主体地位,不断优化收入分配结构,提高劳动报酬在初次分配中的比重,完善再分配功能,发挥第三次分配的作用,分好社会财富的"蛋糕"。

(三)共同富裕是中国式现代化的重要特征

习近平总书记在庆祝中国共产党成立100周年大会上指出:"我们坚

持和发展中国特色社会主义,推动物质文明、政治文明、精神文明、社会文明、生态文明协调发展,创造了中国式现代化新道路,创造了人类文明新形态。"共同富裕作为中国式现代化的重要特征,包含了人与自然的和谐共生,其实质是发展理念和发展模式的绿色转型,生产生活方式的全新革命,蕴含着物质富裕与精神富裕的协调发展,使全体人民通过辛勤劳动和互帮互助,普遍达到生活富裕富足、精神自信自强、社会和谐和睦,共享改革发展成果和幸福美好生活。中国共产党带领下的共同富裕坚持"五位一体"统筹推进,超越了西方福利社会以资本财富多寡为判断依据的"全民富裕",是对中国式现代化这一人类文明新形态的深刻昭示,以共同富裕为重要特征的中国式现代化新道路将为解决人类问题贡献中国智慧和中国方案。

实现全体人民共同富裕是建设社会主义现代化的题中应有之义,走共同富裕之路是对新时代贯彻新发展理念的生动诠释。因此,推动共同富裕就要依托我国超大规模的市场和完备的产业体系,以创新驱动内涵型增长带动经济高质量发展。要强化社会主义核心价值观引领,传承弘扬优秀传统文化,不断满足人民群众多样化、多层次、多方面的精神文化需求。要处理好生态效益与经济效益之间的辩证关系,让优势生产要素充分涌动、释放能量。最终要在推动生产力到生产关系、经济基础到上层建筑的整体变革和协调运行中,构建中国式现代化的有机整体。

(四)实现共同富裕是统筹推进、久久为功的奋斗过程

习近平总书记在中央财经委员会第十次会议上强调,"共同富裕是全体人民的富裕,是人民群众物质生活和精神生活都富裕,不是少数人的富裕,也不是整齐划一的平均主义,要分阶段促进共同富裕"。实现共同富裕是一个从量变到质变的过程。中华人民共和国成立后,毛泽东同志提出了共同富裕的概念,社会主义制度的建立为实现共同富裕奠定了根本政治前提。改革开放新时期,邓小平同志强调共同富裕是社会主义的目的,创造性地提出先富带后富的方法论,随着改革开放的推进,实现了人民生活从温饱不足到总体小康、奔向全面小康的历史性跨越,为实现共同富裕提供了坚实的物质基础。党的十八大以来,以习近平同志为

核心的党中央把促进全体人民共同富裕摆在更加重要的位置,我们全面建成了小康社会,实现共同富裕的美好愿景正在一步步照进现实。实现共同富裕是一个从局部到整体的过程。由于每个区域的资源禀赋、发展阶段各不相同,这就意味着在实现共同富裕的进程中个体差别不可能完全消除,因此要激发创新、创造的活力,允许一部分人先富起来,先富带后富、帮后富,鼓励各地因地制宜探索有效路径,总结经验,逐步推开。

我国仍处于社会主义初级阶段,发展的局限性、地理的差异性等客观上决定了我国的共同富裕不等同于同步富裕、同等富裕,实现共同富裕在时间、空间上都不可能一蹴而就。按照党中央擘画的战略,从2020年到2035年,全体人民共同富裕迈出坚实步伐,从2035年到21世纪中叶,全体人民共同富裕基本实现。这就要求我们把握客观规律,对共同富裕的长期性、艰巨性、复杂性有充分估计,渐进式地推进全程、全民、全面的共同富裕;鼓励干事创业、勤劳致富,营造机会平等、人人奋斗、创先争优的良好社会氛围;支持各地因地制宜、差别化探索实现共同富裕的具体路径,允许部分地区先行先试积累经验,为其他地区做出示范。

二、共同富裕的时代内涵

习近平总书记在庆祝中国共产党成立100周年大会上强调,在新的征程上要推动人的全面发展、全体人民共同富裕取得更为明显的实质性进展。实现共同富裕,是我们党矢志不渝的奋斗目标。中国共产党的百年奋斗史,也是党团结带领人民为美好生活长期奋斗、追求全体人民共同富裕的百年探索史。

中国共产党自成立之日起,就致力于让人民过上好日子、实现共同富裕,把为中国人民谋幸福、为中华民族谋复兴作为初心使命,团结带领中国人民为消除贫困、改善民生,不断丰富和发展马克思主义共同富裕理论。

中华人民共和国成立之初,毛泽东主席就提出"共同富裕"的概念,他指出,现在我们实行这么一种制度,是可以走向更富更强的。这个富是共同的富,这个强是共同的强,大家都有份。并实现新民主主义社会向社会主义社会的顺利过渡,也着手对农业、手工业和资本主义工商业进行改造。

改革开放后,邓小平也多次强调共同富裕,指出:"社会主义不是少数人富起来、大多数人穷,是先富带动后富。并只有消灭了贫穷和消除了两极分化,才能真正意义上实现共同富裕。"而社会主义最大的优越性就是共同富裕,这体现了社会主义的本质。

1989—2005年,党中央领导集体强调实现共同富裕决不能动摇,提倡效率和公平的有机结合。2003—2013年,党中央在这一时期强调要让广大人民群众共享改革发展的成果,并以人为本、科学发展,更加注重社会公平。

如今,新时代中国特色社会主义时期,习近平总书记特别强调共同富裕的整体性。他在中国共产党第十九届中央委员会第一次全体会议上指出:"全面建成小康社会,一个不能少;共同富裕路上,一个不能掉队。"习近平总书记还指出:"实现共同富裕不仅是经济问题,而且是关系党的执政基础的重大政治问题。"共同富裕是全体人民的共同期盼,追求共同富裕才会得民心、顺民意,才能获得人民群众的支持,依靠人民创造历史。历史充分证明,江山就是人民,人民就是江山,人心向背关系党的生死存亡。中国共产党之所以能够夺取政权并长期执政,就是因为它始终代表广大人民群众的根本利益,站在人民群众的立场上,维护人民群众的共同利益,追求推进实现共同富裕,是中国共产党革命能够胜利、建设能够成功、改革能够深入的力量之源。而共同富裕是全体人民共享的富裕,又依靠全体人民的共同努力来实现。没有全体人民的共同努力,共同富裕就成了无源之水、无本之木。

在"大道之行,天下为公"的中国文化基调下,注定了中华民族是以修身、齐家、治国、平天下为信念。所以,新时代的共同富裕不能简单理解为物质富裕,而应该是以"推动人的全面发展"为宗旨的整体富裕。

新时代的共同富裕具有人民性、过程性、实践性。习近平总书记在青海考察时强调,"要坚守人民情怀,紧紧依靠人民,不断造福人民,扎实推动共同富裕"。推动实现共同富裕,需要全体人民充分发挥自觉能动性,共同参与、共同建设,而共同富裕的受益群体就是全体人民,也绝不允许贫富差距越来越大。这体现了共同富裕的人民性。同时,共同富裕是一个长远目标,不可能一蹴而就。这个目标是长期的、艰巨的、复杂的。我国正处于并将长期处于社会主义初级阶段,经济社会发展不平衡、不充分的问题依然比较突出。这就意味着我们要一步一步扎实地完成目标。这体现了共同富裕的过程性。新时代共同富裕是整体性与阶段性的有机统一。党的十八大以来,把推进取得更为明显的实质性进展作为远景目标,同时也根据内外部环境的变化不断进行阶段性目标分析,提出阶段性目标,这就需要我们通过不断实践来完成目标。这体现了共同富裕的实践性。

习近平总书记在全国脱贫攻坚总结表彰大会上指出:"我们必须把促进全体人民共同富裕摆在更加重要的位置,脚踏实地、久久为功,向着这个目标更加积极有为地进行努力。"站在新阶段的历史新起点,作为新青年的我们,更应全面准确地理解和把握共同富裕的时代内涵,成为共同富裕的学习者、实践者、宣传者,勇担使命,迎难而上,为实现共同富裕贡献力量。

三、从中国特色社会主义现代化强国整体建设的维度领悟新时代共同富裕的重大价值

推动实现共同富裕体现了新时代中国共产党人的初心和使命,是与中国特色社会主义强国建设所要解决的主要矛盾、所要完成的重要历史任务、所要衔接的阶段性目标和未来发展愿景都紧密相连的重大历史任务。实现共同富裕不仅是经济问题,而且是关系党的执政形象和执政基础的重大政治问题,是直接关系全国人民共同过上幸福生活的"国之大者"。

新时代共同富裕具有强烈的问题意识和问题导向,是以实事求是的态度分析中国经济社会发展实际状况得出的结论。党中央之所以在审时度势的基础上提出实现新时代共同富裕的重大时代课题,表明全体人民共同富裕在现阶段还是一种必须为之努力追求、为之努力奋斗的理想状态,而非客观现实。促进全体人民共同富裕的实现就是要将美好理想转化为客观现实。

我国经济社会发展不平衡、不充分、不可持续的问题依然严峻而复杂。我国区域之间的不协调、不充分、不可持续发展问题,城乡之间不协调、不充分、不可持续发展问题,人们的物质生活和精神文化生活之间的不协调、不充分、不可持续发展问题,人与自然之间不协调、不充分、不可持续发展问题,都是影响中国特色社会主义现代化强国建设的重要因素,都是需要通过推进新时代全体人民实现共同富裕予以切实解决的重大问题。

无论是从发展阶段和发展过程的时间历程看,还是从发展形态布局的空间共生态来看,我国都是一个在区域经济发展方面有着极大差异性的国家,构建社会主义和谐社会的目的也是从根本上解决各种各样的差异。由于地理环境、自然条件、空间结构、政治因素、文化因素、人口分布、国民素质和社会因素等方面的差异性,形成了我国目前存在着的区域经济发展水平的差距,而这种差距直接影响到全体人民实现共同富裕的程度和水平。改革开放以来,我国从国情出发,实行从东部沿海地区优先发展、率先发展,然后带动西部地区发展的战略布局,东部沿海地区利用其有利的地理条件、国家的方针政策,加大对外开放力度,主动积极参与全球国际分工,大量引进资金、先进技术和人才,极大地推动了工业化、信息化、城市化、现代化建设,推动了长三角地区、珠三角地区、京津唐地区都市圈的形成,这些区域凸显了先富起来的良好态势,而在我国中西部地区,经济社会发展显露出相对滞后的态势,协调区域经济发展,实现区域之间的共同富裕,是解决我国社会经济发展不平衡、不充分这个新时代主要矛盾的重要战略任务。

正视和不断解决我国城乡之间不协调、不充分、不可持续发展问题,是推动新时代全体人民共同富裕的重大任务。中华人民共和国成立以来,我国从当时的国内国际形势出发,作出了优先发展工业和城市的大政方针,这种重大战略性的空间布局和制度安排,适应了当时生产力和生产关系的实际情况,符合我国快速促进工业化和推进城市化以及加强国防建设的要求,有助于加速国家人力、财力、物力从农业和农村向工业和城市的集聚,促进了工业化与城市化的发展,但是,在客观上也导致了农业与工业、农村与城市的差距不断拉大。改革开放以来,在注重工业化、信息化、城市化和现代化的发展战略中,有些地方对"农村、农业、农民"这一"三农"问题重视不够,在"重工轻农,重城轻乡"的倾向下,忽视了农村经济社会发展,特别是在公共资源配置、公共产品和公共服务供给方面,"重工轻农,重城轻乡"的倾向表现得更为明显。针对这种不利于实现全体人民共同富裕的客观状况,中央提出解决"三农"问题和"乡村振兴战略"显然有助于扭转这种发展趋势,有利于推动全体人民共同富裕的进程。中央在2004年至2020年连续发布以"三农"为主题的中央一号文件,出台了一系列惠农、利农政策措施,这些制度和政策措施极大地稳定了农民、农业和农村,促进了农村和农业发展。党的十九大提出乡村振兴战略的总要求是"产业兴旺、生态宜居、乡风文明、治理有效、生活富裕"。习近平总书记针对乡村振兴所要解决的重要问题,提出了"五个振兴"的重大任务,认为乡村振兴是包括产业振兴、人才振兴、文化振兴、生态振兴、组织振兴的全面振兴。"五个振兴"作为乡村振兴的一个有机整体,相辅相成、缺一不可,共同构建起乡村振兴的美好蓝图,有助于城乡协调发展和推动城乡实现共同富裕。

人们的物质生活和精神文化生活之间的不协调、不充分、不可持续发展问题是影响全体人民实现共同富裕的不可忽视的重要问题。人民群众作为有着多样性需求和欲望的现实生活中的人,物质生活固然是其重要生活内容,通过大力发展生产力让人民群众获得和分配好物质财富是实现共同富裕的重要任务,然而,精神文化生活也是不可或缺的重要内容,是美好生活的重要因素。人民群众在注重物质消费的同时,还注重精神文化消费。在新时代人民对美好生活的向往是在获得美好的物质生活、政治生活、精神生活、社会生活、审美生活中不断递进的,人民群众不仅需要有更好的教育、更加稳定的就业、更为满意的收入、更加优质的医疗卫生服务、更为可靠的社会保障、更加舒适的居住条件、更加优美的环境,还注重更加丰富的精神文化生活和更加安全的发展。

在实现新时代共同富裕的问题上,人与自然之间不协调、不充分、不可持续发展问题是一个极易被人们忽视的重大问题。人与自然的关系问题是永恒的社会问题,这个问题从表象看涉及的是生态环境问题,关联着生态文明建设问题,但是,从本质上看还是重大的政治问题和社会问题。生态环境问题并不仅仅是人与自然的关系问题,并不是简单地通过金钱和技术就能解决的战术性、局部性、暂时性的问题。推动共同富裕的一个重要因素是必须协调好人与自然的关系,在人与自然和谐共生中寻找推动全体人民实现共同富裕的动力。习近平总书记一直强调的"绿水青山就是金山银山"的理念,也是促进新时代共同富裕的重要理念。在发展的价值取向上,如果只是注重功利而轻视伦理(包括生态伦理),只是注重经济价值而忽视生态价值,只是注重经济理性而忽视生态理性,只是注重代内价值与代内共同富裕而忽视代际价值与代际共同富裕,只是注重民族的、国别的、区域的生态环境优化而忽视以人类命运共同体意识推进地球美好家园建设,必定会导致人与自然之间不协调、不充分、不可持续发展的问题愈演愈烈。处于绿水青山和金山银山无法比肩而立的状态下,全体人民的共同富裕是无法实现的。

总而言之,新时代共同富裕着力要解决的重大问题和围绕的重大主题,都是把我国建设成为富强、民主、文明、和谐、美丽的社会主义现代化强国。建成社会主义现代化强国所需要的条件和完成的重大历史任务,就是在推动物质文明、政治文明、精神文明、社会文明、生态文明协调发展进程中实现全体人民的共同富裕。习近平总书记在庆祝中国共产党成立100周年大会上的重要讲话中指出:"我们坚持和发展中国特色社会主义,推动物质文明、政治文明、精神文明、社会文明、生态文明协调发展,创造了中国式现代化新道路,创造了人类文明新形态。"中国式现代化新道路和人类文明新形态这两个"新",都突出地显示了中国以现代化强国建设创造的文明,是一个包括了物质文明、政治文明、精神文明、社会文明、生态文明等各种文明要素在内所组成的整体性文明系统,中国经济社会的进步发展都是在以经济建设创造物质文明、以政治建设创造政治文明、以精神文化建设创造精神文明、以社会建设创造社会文明、以生态文明建设创造生态文明,这五位一体文明的协调发展中实现的。全体人民共同富裕必然使社会和谐稳定,而社会和谐是物质文明、政治文明、精神文明、社会文明和生态文明协调发展的结果,社会整体文明的程度直接决定社会和谐的程度。

第二节　实现共同富裕的发展基础与挑战

一、实现共同富裕的发展基础

(一)理论基础

共同富裕作为社会主义的发展目标,从马克思主义理论到近现代中国许多仁人志士对其的探索,尤其是中华人民共和国成立后,我国历届领导人对共同富裕的探索以及新时代习近平的共同富裕思想为新时代我国实现共同富裕奠定了理论基础。

1.马克思主义经典作家的共同富裕思想

实现社会主义共同富裕是我国社会发展的一个重要目标,同时,它也是马克思主义的一个基本目标,马克思主义经典作家对其进行了大量论述,这些论述主要包括以下内容:第一,共同富裕是社会主义的本质属性。马克思、恩格斯在对未来社会(社会主义社会和共产主义社会)的设想中指出:"生产将以所有人的富裕为目的。"所有人共同享受大家创造出来的福利。列宁指出:"在这个新的、美好的社会里不应该有穷有富,大家都应该做工。共同工作的成果不应该归一小撮富人享受,应该归全体劳动者享受。"马克思、恩格斯以及列宁的论述表明,在社会主义国家社会劳动成果不应该由少数人享受,而应该由大家共享,社会主义生产的最终目的是实现所有人的共同富裕。而我国作为社会主义国家,其目标也必然是要实现所有人的共同富裕,因此,这一理论就为新时代我国实现共同富裕的必要性提供了理论基础。第二,高度发展的社会生产力是实现共同富裕的物质基础。马克思指出:"没有高度发展的生产力,那就只会有贫穷、极端贫困的普遍化。""通过社会生产,不仅可能保证一切社会成员富足的和一天比一天富裕的物质生活,而且还可能保证他们的体力和智力获得充分的自由发展和运用。"实现共同富裕首先要有雄厚的物质基础,然后再谈"共同",否则就只会是普遍的贫穷。而马克思的论述表明,高度发展的生产力不仅可以促进物质方面的富裕,同时还能促进精神方面的富裕。这就为我们分析新时代我国实现共同富裕的有利因素提供了思路,同时也为我们分析新时代我国实现共同富裕的对策提供了思路。第三,公有制是实现共同富裕的制度基础。马克思、恩格斯指出:"现代的资产阶级私有制是建立在阶级对立上面、建立在一些人对另一些人的剥削上……从这个意义上说,共产党人可以把自己的理论概括为一句话,消灭私有制。"同时他们设想未来社会是"一个集体的、以共同占有生产资料为基础的社会"。生产资料全国性的集中将成为自由平等的生产者的联合体所构成的社会的全国性基础。公有制作为一种相对于私有制的经济制度,它是生产资料归劳动者共同所有的形式,而且它是社会主义制度的基础,马克思、恩格斯的以上论述为新时代我国通过发挥社会主义基本经济制度的协调发展作用实现共同富裕奠定了理论基础。第四,按劳和按需是实现共同富裕的阶段性分配方式。马克思指出:"按劳分配是一种形式的一定量劳动同另一种形式的同量劳动相交换。""在这里平等的权利按照原则仍然是资产阶级权利,它像一切权利一样是一种不平等的权利。""这些弊病,在经过长久阵痛刚刚从资本主义社会产生出来的共产主义社会第一阶段,是不可避免的。"关于按需分配,马克思指出,在共产主义社会高级阶段,在迫使人们奴隶般地服从分工的情形已经消灭之后,当脑力劳动和体力劳动的对立也随之消灭的时候,只有在那个时候,才能完全超出资产阶级权利的狭隘眼界,社会才能在自己的旗帜上写上:"各尽所能,按需分配!"也就是在共产主义社会的不同发展阶段要实行不同的分配方式,在共产主义社会的第一阶段,也就是社会主义初级阶段,要实行按劳分配,虽然这一分配方式存在一些弊病,但这在社会主义初级阶段是不可避免的。共产主义社会只有发展到高级阶段后才能实行按需分配。而我国现在正处在社会主义初级阶段,所以必须坚持实行按劳分配,共同富裕的实现也必须在坚持这一分配制度下进行,这就为新时代我国通过发挥社会主义基本经济制度的协调发展作用实现共同富裕提供了理论基础。

2.中华人民共和国成立后各个历史阶段的共同富裕思想

共同富裕作为社会主义的发展目标,1949年后,中国共产党历届领导人对此进行了不懈探索。

毛泽东对于共同富裕的论述主要有:"要巩固工农联盟,我们就得领导农民走社会主义道路,使农民群众共同富裕起来,穷的要富裕,所有农民都要富裕,并且富裕的程度要大大地超过现在的富裕农民。""全国大多数农民,为了摆脱贫困,改善生活,为了抵御灾荒,只有联合起来,向社会主义大道前进,才能达到目的。""在农村中消灭富农经济制度和个体经济制度,使全体农村人民共同富裕起来。"

新时代我国在实现共同富裕的过程中仍然需要反对两极分化,不断缩小贫富差距。这也是新时代我国在实现共同富裕过程中以创新开放理念为指导促进落后地区高质量发展,以协调发展理念为指导做好国民收入再分配,做好社会保障托底工作的原因。

邓小平就共同富裕主要做了以下论述:"社会主义不是少数人富起来、大多数人穷,不是那个样子。社会主义最大的优越性就是共同富裕,这是体现社会主义本质的一个东西。""一部分地区有条件先发展起来,一部分地区发展慢点,先发展起来的地区带动后发展的地区,最终达到共同富裕。""我国东部沿海地区要利用有利条件率先发展起来,这是事关大局的事情,内地要顾全这一大局。沿海地区发展起来后,要反过来帮助内地发展,这也是个大局,到时候沿海地区要服从这个大局。"邓小平的"两个大局"和先富带后富理论是新时代我国实现共同富裕过程中的一个重要思路,为促进区域协调发展提供了理论基础。

1989—2005年,与时俱进的中国共产党人关于共同富裕的探索主要有三方面:第一,完善分配结构和方式,防止两极分化。党中央指出:"坚持效率优先,兼顾公平……规范收入分配,使收入差距趋向合理,防止两极分化。"第二,实施西部大开发战略,缩小区域差距。党中央强调,"要加大东部地区与西部地区对口支援的力度","不失时机地实施西部大开发战略",同时强调,要逐步缩小地区间差距,最终达到全体人民共同富裕,这是社会主义的本质要求。党中央在这一时期的探索为新时代我国在实现共同富裕过程中实施对口支援提供了理论基础和借鉴。第三,提出"八七"扶贫攻坚计划,减少贫困人口。党中央指出:"实现小康目标,不仅要看全国的人均收入,还要看是否基本消除了贫困现象。""如果不能基本消除贫困现象,就会影响全国小康目标的实现。"党的这一探索为我国实施精准扶贫提供了理论基础,而精准扶贫、精准脱贫的成功经验为新时代我国实现共同富裕提供了借鉴。

2003—2013年,关于共同富裕的探索主要有以下几方面:第一,实施东北振兴、中部崛起战略,缩小区域差距。党中央指出:"强调要继续推进西部大开发,振兴东北地区等老工业基地,促进中部地区崛起……这是确保实现全面建成小康社会也是保证我国各族人民共享改革发展成果、逐步实现共同富裕的重大举措。"第二,通过建设社会主义新农村缩小城乡差距。党中央强调建设社会主义新农村,"是在新形势下加强'三农'工作、更好推进全面建成小康社会进程和现代化建设的战略举措。"第三,再分配更注重公平,缩小贫富差距。党中央指出:"再分配要更加注重公平,在促进发展的同时,把维护社会公平放到更加突出的位置……使全体人民朝着共同富裕的方向稳步前进。"这一时期关于共同富裕的探索与毛泽东、邓小平共同富裕思想,以及党中央在改革开放和社会主义现代化建设新时期关于共同富裕的探索是一脉相承的,因此,这一时期党中央关于共同富裕的以上探索也为新时代我国在实现共同富裕过程中促进区域协调发展、做好国民收入再分配、做好社会保障托底工作等提供了理论基础。

3.共同富裕与习近平经济思想

共同富裕与习近平经济思想主要包括以下内容:第一,关于共同富裕的战略定位。习近平指出,共同富裕是社会主义的本质要求和我们党的庄严承诺,也是坚持和发展中国特色社会主义的价值目标。他在河北省阜平县考察扶贫开发工作时强调:"消除贫困、改善民生、实现共同富裕,是社会主义的本质要求。"在党的十八届五中全会第二次全体会议上提到,"到2020年全面建成小康社会,是我们党向人民、向历史作出的庄严承诺"。第二,关于共同富裕的战略部署。到2020年全面建成小康社会。习近平在中国共产党第十九届中央委员会第七次全体会议上指出,"全面建成小康社会是我们现阶段的目标,是我们奋斗目标的第一步,也是实现中华民族伟大复兴中国梦的关键一步"。到2035年基本实现社会主义现代化。他在十九大报告中指出:"从2020年到2035年,在全面建成小康社会的基础上,再奋斗十五年,基本实现社会主义现代化。""从2035年到本世纪中叶,在基本实现现代化的基础上,再奋斗十五年,把我国建成富强民主文明和谐美丽的社会主义现代化强国。"第三,关于共同富裕的战略举措。习近平在中央扶贫开发工作会议上指出:"总结各地的实践和探索,脱贫致富的好路子、好机制的核心就是精准扶贫。"要以精准扶贫为突破口实现共同富裕。在安徽调研考察时指出:"在当前经济下行压力加大、社会矛盾增多的情况下,尤其要履行好保基本、保底线、保民生的兜底责任。"要以保障民生为稳定基础实现共同富裕。一直以来我国都面临着发展不平衡的难题,突出表现在区域、城乡等关系上,要以城乡区域协调发展来实现共同富裕。要缩小收入分配差距,以收入分配制度改革为调节器实现共同富裕。"大道之行,天下为公",要以壮大公有制经济为压舱石实现共同富裕。党的十九大明确提出:"坚持党对一切工作的领导。党政军民学,东西南北中,党是领导一切的。"要以党的领导为主心骨实现共同富裕。

习近平关于共同富裕战略定位的论述为新时代我国实现共同富裕的必要性提供了理论基础;关于共同富裕战略部署的论述为新时代我国以系统工程思维全面审视和解决共同富裕问题提供了思路。要认真学习习近平总书记关于共同富裕战略举措的论述,深刻领会新时代我国通过新发展理念解决共同富裕问题的思路以及新时代我国通过做好社会保障托底工作、借鉴精准扶贫经验促进共同富裕实现的思路和方法。

(二)发达的生产力是实现共同富裕的物质基础

共同富裕是生产力发展到一定阶段的产物,我国目前处于社会主义初级阶段,实现共同富裕,必须要不断发展生产力,夯实物质基础。

1.共同富裕是生产力发展到一定阶段的产物

恩格斯认为,生产力是具有劳动能力的人与生产资料结合起来,形成一种改造自然的能力。生产力是推动社会向前发展的内在动力,人类运用各种科学技术进行物质和精神生产,不断满足自身发展需求。

共同富裕具有条件性和历史性,它的实现要以发展生产力,不断增加物质财富为前提。生产力决定生产关系,经济基础决定上层建筑,生产关系的变革,上层建筑的建立都需要一定的物质基础。而物质基础的建立与生产力的发展状况密切相关。当前社会存在的一些问题,如教育、医疗、住房、养老、生态等问题的解决都需要物质投入。发展经济可以说是其他各方面发展的前提,只有社会财富极大丰富,人们不再为吃饱、穿暖而发愁,才有可能发展其他各方面事业。

共同富裕与发展生产力二者是目的和手段的关系,发展生产力以实现共同富裕为目的,同时也是实现共同富裕的手段。生产力越发达,社会财富总量就越多,在按劳分配为基础的分配制度下,劳动者的利益得到保障,生产积极性大大提高,才能推动生产力的进一步发展。共同富裕与生产力二者之间相互影响,生产力的发展水平决定着共同富裕水平的高低,而共同富裕的实现程度又影响生产力的发展。社会主义必须不断发展经济,增加社会物质财富,为实现共同富裕创造物质条件。

2.提高共同富裕水平必须发展生产力

从毛泽东首次提出共同富裕到邓小平提出社会主义本质理论,我国经过几十年的发展,积累了丰富的物质基础。但共同富裕是一个动态过程,实现程度要受经济社会发展程度的制约。由于中国各个时期生产力发展水平存在差异,共同富裕的实现程度也不尽相同。

实现共同富裕的过程就是不断满足人们需要的过程,人们的需求不断变化,因此对共同富裕的要求也随之提高。马克思、恩格斯认为人主要有三个方面的需要:生存需要、享受需要和发展需要。生存需要是满足一个人生存最基本的条件,是低层次的需要,经过资本主义时期经济的快速发展,生存层面的需要已经得到满足。享受需要是指人们满足生存需要之余,提高生活质量的需要。发展需要是人们完善自身,提高社会文明程度的需要。恩格斯在《自然辩证法》中指出："生产很快就造成这样的局面：所谓生存斗争不再是单纯围绕着生存资料进行，而是围绕着享受资料和发展资料进行。"我国从社会主义初期发展到改革开放新时期，对富裕的认识不断变化，富裕的标准不断提高。社会主义建设初期，"楼上楼下，电灯电话"这句广为人知的话成为当时社会主义建设的目标，到了20世纪70年代，手表、自行车成为人们对美好生活的追求，20世纪90年代实行社会主义市场经济体制，空调、电脑、录像机成为人们衡量富裕程度的标志，21世纪，人们则开始追求房子、车子、金钱。从这一变化中不难看出人们心中富裕标准的变化。

马克思、恩格斯所设想的社会主义是建立在资本主义经济高度发达的基础之上的，而现实中的社会主义多是存在于经济文化相对落后的国家，这就决定了这样的国家实现共同富裕具有长期性。因此，社会主义社会中，按劳分配成为主要的分配方式，不同的人，因为能力大小、体力劳动和脑力劳动之间的差异，得到的财富必然会不同。这时，生产力的发展程度尚不能够满足所有人的需要，社会主义初级阶段只能是有差别的富裕，是低层次的共同富裕。马克思指出："在共产主义第一阶段，在它所经过长久的阵痛刚刚从资本主义社会里产生出来的形态中，是不可避免的。权利永远不能超过社会的经济结构以及由经济结构所制约的社会的文化发展。"因此，要大力发展生产力，不断提高共同富裕的水平。

3.解放生产力是发展生产力的前提

改革开放以来，我国经济建设取得了一系列成就，但困难和挑战也一直存在。长期以来，我国片面强调经济快速增长，发展方式粗放、产业结构不合理、自主创新能力不强，资源和环境约束日益趋紧，劳动力成本优势不再明显。发展中的不平衡、不协调和不可持续问题日益突出。实现共同富裕是一个时间跨度较大的历史过程，不仅包括当代人，也包括子孙后代，我们不能急功近利，既要满足当代人的需求，又要保证不损害子孙后代的需求。

实现共同富裕必须优先发展经济。当前，中国经济发展进入了平稳期，就当前中国而言，经济稳定增长依然存在不少亟待突破的瓶颈，比如教育、医疗、住房、养老等问题，这种情况下，要实现经济的高质量发展，必须全面深化改革，破除各种阻碍经济健康发展的机制体制等。社会主义改造完成以后，我国建立起了新的生产关系，在社会主义现代化建设过程中，出现了一些问题，有机制体制的问题、思想观念的问题，等等。改革就是变革不适应生产力发展的生产关系，使调整过的生产关系能够推动社会不断发展进步。回顾改革开放40年的历程，就会发现，不管这期间国际、国内形势如何变化，改革开放始终是我们一以贯之的基本国策，这个主题始终不会改变。同时，改革是一个由浅入深、由经济领域不断向其他领域扩散的历史过程，在不同时期会有不同的侧重点。当前，经济处于结构转型关键期，面临新问题、新挑战。我们必须毫不动摇地坚持全面深化改革，发挥改革在推动经济发展中的强大作用，为实现全民建成小康社会，最终实现共同富裕提供动力。

（三）中国共产党的领导是实现共同富裕的政治保证

中国共产党是中国特色社会主义事业的领导核心，党的宗旨是全心全意为人民服务，党的最高理想和奋斗目标是实现共产主义。实现共同富裕是实现共产主义的先决条件。习近平总书记在中国共产党第十九次全国代表大会上指出："中国特色社会主义最本质的特征是中国共产党领导，中国特色社会主义制度的最大优势是中国共产党领导。"只有坚持党的领导，共同富裕目标才能实现。

1.这是由中国共产党的性质和宗旨决定的

习近平总书记在中国共产党第十九届中央委员会第七次全体会议上指出："新中国成立以来经济建设取得的成就，特别是改革开放几十年来，中国从世界上最大的发展中国家跃升为世界第二大经济体，这些举世瞩目成就的取得关键靠党。"习近平总书记在庆祝中国共产党成立100周年大会上指出："办好中国的事情，关键在中国共产党。"中国共产党以马克思主义为指导，是工人阶级的先锋队，是中国人民和中华民族的先锋队。我们党自成立以来始终坚持马克思列宁主义，并将其与我国的现实国情相结合，形成了具有中国特色的无产阶级政党。

2.这是由中国共产党领导社会主义现代化建设的实践证明了的

现代化建设是一个社会发展,实现共同富裕的必经阶段,进行现代化建设是社会主义国家的主要任务。它始终与社会主义基本制度相结合,现代化强国建设必须依靠党的领导。实行社会主义市场经济体制是我国经济体制改革的根本性创新,社会主义制度与市场经济有机结合,决定了我国的社会主义市场经济必然具有市场经济的基本特征。市场经济条件下,各市场主体自负盈亏、优胜劣汰。再加上脑力劳动与体力劳动之间、行业之间、区域之间、城乡之间的差异,居民收入差距必然会越来越大。在这种情况下,如果没有党的领导、国家的社会保障和再分配政策,必然会产生两极分化。社会主义的根本任务就是以经济建设为中心,大力发展生产力,实现共同富裕,中国共产党以马克思主义理论为指导,实现共同富裕必须坚持党的领导。

3.坚持中国共产党的领导是中国特色社会主义最本质的特征

中国特色社会主义,是中国共产党领导中国人民从中国的现实国情出发,在总结我国和其他社会主义国家社会主义建设经验教训和我国最新实践经验的基础上,重新认识当代社会主义发展规律和当代人类社会发展规律而探索出的一条契合中国实际的成功道路。正如习近平总书记在党的十九届六中全会指出的:"中国特色社会主义的最本质的特征就是坚持中国共产党的领导。摆脱贫穷落后,实现全体人民的共同富裕是中国特色社会主义应有之义。没有中国共产党的领导,就没有中国特色社会主义,就没有中国特色社会主义的共同富裕。"

二、实现共同富裕面临的挑战

全面建成小康社会意味着推动实现共同富裕进入历史新阶段。在这个阶段,经济发展、收入分配和社会治理等都会给共同富裕的实现带来一定考验。2021年1月28日,习近平总书记在十九届中央政治局第二十七次集体学习时强调:"实现共同富裕不仅是经济问题,而且是关系党的执政基础的重大政治问题。"因此,准确认识新时代共同富裕道路上面临的现实挑战,是探索共同富裕可行路径的基本前提,也是关系中国特色社会主义发展的重大课题。

（一）经济下行压力客观存在，阻碍了共同富裕的前进脚步

经济发展步入新常态是党的十八大以来党中央作出的重大战略判断。新常态意味着经济发展的新矛盾、新变化和新挑战，一个最为突出的表现就是结构性减速，这直接影响着新时代共同富裕目标的实现。随着改革开放的进行，中国经济的发展创造了世界奇迹，但高增长的背后也隐藏着诸多现实矛盾和问题。而当经济下行压力凸显时，隐藏的矛盾问题就可能显性化并在不同领域引起连锁反应，从而增加政府对经济进行宏观调控的难度。从全球经验来看，很多经济体在经历一段高速增长后，都会转入中低速甚至负增长的发展阶段。对此，我们在推动实现共同富裕的过程中必须引以为戒。中国经济在步入新常态后面临着更大的下行压力，供给侧和需求侧两端的变化都会直接影响到共同富裕目标的实现，比如需求下降导致社会失业率升高，供给端价格上涨会造成经济通胀等。这就要求必须以新发展理念来建立新的经济体制结构，推动社会主义生产力的持续发展。

（二）收入分配格局不够合理，制约了共同富裕的公平公正

中国社会的收入分配格局在改革开放后发生了深刻变化，这一方面激发了社会不同主体创造财富的活力、动力，另一方面也逐步拉大了社会的收入差距。国家统计局《中国住户调查主要数据（2020）》显示，2019年我国基尼系数为0.465，已经超过了国际上0.4的警戒线，这说明国内居民收入差距过大的矛盾客观存在。由《中国统计年鉴2021》可知，2020年国内城镇居民人均可支配收入为43833.8元，农村人均可支配收入为17131.5元，前者约为后者的2.6倍，考虑到农村人口在各类补贴、福利上待遇更低一些的因素，城乡差距可能比实际数据还要大。从区域收入差距来看，2020年东部地区城镇居民和农村居民人均可支配收入分别为52027.1元、21286.0元，而西部地区则分别为37548.1元、14110.8元，绝对差分别为14479.0元、7175.2元，这表明地区收入差距依然比较大。从行业收入差距来看，以城镇非私营单位之间的收入来对比，2020年信息传输、软件和信息技术服务行业就业人员平均工资最高，为177544元，农、林、牧、渔业就业人员平均工资最低，仅为48540元，最高与最低平均收入

之比为3.66∶1,一定的收入差距能够激励劳动者积极工作以提高自身收入,但差距过大则会影响发展活力和社会稳定。目前,国内收入相对差距正在不断缩小,但绝对差距仍然不容乐观,必须及时加以调控。

造成城乡、区域、行业收入差距过大的主要原因是国民收入分配格局不合理。在初次分配中,劳动性收入和资本性收入占比不合理,前者占比过低,后者则过高,呈现出资强劳弱的局面。在中国,对于普通家庭来说,最主要的收入就是劳动报酬,资本性收入对于他们来说微乎其微,甚至在股市不景气时还会遭遇负回报。资本进入国内各个产业后,在互联网、传媒等领域出现了垄断倾向,资本回报远超过其他一切生产要素投入的回报。人民群众对于当前收入分配不满意,还在于初次分配中存在权力寻租、隐性收入、偷税漏税等问题。在再分配中,国内税收结构还不够合理,2020年国内总税收中增值税占比约为46.3%,直接税占比约为39.8%。相比之下,发达经济体直接税占比通常高于50%,美国更是超过70%,这说明我国直接税占比过低,同时缺乏对房地产、遗产继承等财产税的设计。另外,政府社会保障还没有完全覆盖中低收入人群,各地保障标准存在较大差异,特别是农村人口的教育、医疗、养老等基本公共服务供给不足。在第三次分配上,当前国内还没有建立相应的文化氛围、激励机制和监管措施时,社会慈善事业、捐赠活动、公益活动等得不到有效的制度保障,部分先富群体没有完全理解并积极践行共同富裕的价值理念,更倾向于享受先富所带来的发展优势,不愿意拿出财富来对后富群体予以帮扶,第三次分配在国内收入分配领域的作用发挥还不够。

第三节　在高质量发展中促进共同富裕

中央财经委员会第十次会议强调:"在高质量发展中促进共同富裕,正确处理效率和公平的关系,构建初次分配、再分配、三次分配协调配套的基础性制度安排。"共同富裕是中国共产党人初心和使命的表达,也是改革开放和现代化建设过程中始终坚守的目标。这一次党中央再次强调共同富裕的一个新要点,就是在高质量发展中促进共同富裕。我们可以从以下三个方面来理解这个新部署。

一、共同富裕是高质量发展的归宿

党的十九大报告指出,我国经济已由高速增长阶段转向高质量发展阶段。这不仅要求发展方式和增长动能转换到高质量发展的轨道上,也意味着更加注重以新的理念和方式分享发展成果。在新发展阶段实现高质量发展,就是在新发展理念指导下发展。一方面,着力落实共享发展理念,以改革开放发展的成果不断满足人民日益增长的美好生活需要;另一方面,着力建设现代化经济体系,通过改革提高生产率、创新能力和竞争力,解决发展中存在的不平衡不充分问题。

转向高质量发展阶段,坚持共享发展既要做大"蛋糕",也要分好"蛋糕"。相应地,收入分配从以初次分配为主,逐步提高再分配的作用,转向初次分配、再分配、三次分配互为补充和协调配套,更加注重效率和公平有机统一。以坚持社会主义基本经济制度为前提,在搞好初次分配的基础上做好再分配,实质性缩小收入和基本公共服务供给上的差距,同时倡导和鼓励自愿捐助、慈善事业、企业社会责任和志愿者活动,扩大三次分配的自觉性和作用范围。

二、提高生产率和共享成果并重

提高经济发展的质量,需要从供给侧和需求侧同时推进、协同发力。一方面,提高生产率以保证我国经济在合理区间增长,为共同富裕提供物质保障;另一方面,共享生产率提高成果也是促进共同富裕的必然途径。

我国经济发展也越来越受到需求侧的制约。因此,实现高质量发展,要求构建以国内大循环为主体、国内国际双循环相互促进的新发展格局,以扩大内需为战略基点,特别是增强消费对经济发展的基础性作用,实现国内、国际供给需求的良性循环。

在高质量发展前提下扩大居民消费,必须在以下方面作出更大的努力。首先,在保持与经济增长同步的条件下提高人民收入水平。在2021

年至2035年期间,年均增长率约需达到4.75%,人均居民可支配收入以基本相同的速度增长,就可以使人民生活分别达到与发展阶段相对应的水平。其次,通过三次分配途径实质性缩小收入差距。根据经济合作与发展组织国家的经验,把基尼系数降低到0.4以下,最终要借助再分配手段。我国既要充分利用初次分配缩小收入差距的巨大空间,也要加大再分配力度。

三、尽力而为和量力而行的统一

坚持在高质量发展中促进共同富裕,可以确保尽力而为和量力而行两个原则的有机统一。如果没有生产率持续提高和经济合理增长作为必要的物质基础,共享就成为无源之水、无米之炊,背离了量力而行的原则,共同富裕目标也难以实现。

国家、社会和个人都必须树立共享发展理念,通过尽力而为和有所作为同时实现做大"蛋糕"和分好"蛋糕"。国际经验教训表明,经济增长和生产率的提高,都不会自然而然地产生所谓的"涓流效应",做大"蛋糕"并不必然保证能够分好"蛋糕"。一些发达的市场经济国家笃信涓流经济学这一新自由主义理念,没有在再分配方面作出足够的政策努力,导致收入差距扩大、贫富两极分化并形成难以逾越的鸿沟,乃至造成政治分裂和社会冲突。

共同富裕是中国特色社会主义的本质特征,尽力而为和量力而行有机统一是促进共同富裕的重要原则。坚持这个原则有利于全面运用初次分配、再分配和三次分配这三个有效手段,通过深化改革促进共同富裕,把社会各方面的积极性和创新精神引导到共享发展的轨道上来。三个手段既有形式上的差别,更有内涵和目标的相同与相通,把相关手段统一在促进共同富裕目标之下,加快实现居民收入均衡增长、城乡基本公共服务充分覆盖、高质量供给满足人民日益增长的美好生活需要。

第二章　共同富裕背景下基于全国统一大市场的县域经济发展

第一节　加快建设全国统一大市场的意义

建设全国统一大市场,既是畅通国内大循环的重要任务,也是培育国际合作与竞争新优势的关键所在。中国特色社会主义进入新时代,以习近平同志为核心的党中央站在党和国家事业发展全局的高度,对我国加快建设全国统一大市场作出系统谋划和战略部署。2021年12月17日,习近平总书记在中央全面深化改革委员会第二十三次会议审议通过《关于加快建设全国统一大市场的意见》中强调:"要加快清理废除妨碍统一市场和公平竞争的各种规定和做法,要结合区域重大战略、区域协调发展战略实施,优先开展统一大市场建设工作,发挥示范引领作用。"2022年3月25日,《中共中央 国务院关于加快建设全国统一大市场的意见》发布,为建设高标准市场体系和构建高水平社会主义市场经济体制提供了根本遵循。

一、构建新发展格局的基础支撑和内在要求

习近平总书记在中央全面深化改革委员会第二十三次会议上指出:"构建新发展格局,迫切需要加快建设高效规范、公平竞争、充分开放的全国统一大市场,建立全国统一的市场制度规则,促进商品要素资源在更大范围内畅通流动。"加快建设全国统一大市场,充分发挥市场在促进竞争和深化分工等方面的显著优势,通过不断培育壮大国内市场规模和构建公平竞争的市场环境,逐步形成供需互促、产销并进、畅通高效的国内大循环,从而对全球生产要素和资源产生更为强大的吸引力,推动国内、国际循环相互促进。

打通制约国民经济循环的关键堵点。构建以国内大循环为主体、国内国际双循环相互促进的新发展格局是事关全局的系统性变革,涉及我国经济社会中生产、交换、分配、消费各个环节的各个部分,它们之间彼此关联、相互影响、相互促进,构成一个不断循环往复的大系统。然而,当前我国打通国民经济循环梗阻面临诸多挑战,生产、分配、流通、消费各个环节都存在不少"断点""堵点"。例如,我国仍存在中高端产品供给不足导致产品质量不能完全适应消费升级的需要、效率与公平之间的分配矛盾制约全体人民共同富裕的顺利推进、流通体系现代化程度不高严重阻碍建设高效的现代流通体系等问题。通过建设高效规范、公平竞争、充分开放的全国统一大市场,打通制约市场主体壮大、市场效率提升、居民收入增加、劳动生产率提高、供给质量提升、需求优化升级等方面的关键堵点,从而扭转供需结构错配、促进收入公平分配、降低商品流通成本,不断扩大内需和增强居民消费能力,使得国民经济循环中生产、分配、流通、消费各环节更加畅通。

促进商品和生产要素合理有序流动。构建以国内大循环为主体的新发展格局,必须克服地方保护和市场分割,不断推动国内市场高效畅通和规模拓展。然而,我国区域之间部分市场规则不统一,部门保护主义和地方保护主义依然存在,低水平重复建设导致产业结构趋同化现象相对突出,对畅通国内大循环产生了严重"梗塞"。加快建设全国统一大市场,就要坚决克服地方保护,打破区域割据,消除市场壁垒,既不能搞"小而全"的自我小循环,也不能以"内循环"的名义搞地区封锁,而是形成全国制度统一、标准统一、规模宏大的市场,达到实现商品和生产要素合理有序流动的目的。通过严格落实"全国一张清单"管理模式,健全统一的社会信用制度等举措,打破地方保护和市场分割,解决重点领域和关键环节存在的不正当干预、隐性壁垒门槛等突出问题,为商品和生产要素合理有序流动保驾护航。

推动国内外市场互联互通持续深化。构建新发展格局需要充分挖掘强大国内市场的潜力,以国内大循环吸引全球要素资源,有利于充分利用国内国际两个市场、两种资源,提升我国在全球配置资源的能力,更好地争取开放发展中的战略主动。习近平总书记在第三届中国国际进口博览会开幕式上强调:"中国将秉持开放、合作、团结、共赢的信念,坚定不移全面扩大开放,将更有效率地实现内外市场联通、要素资源共享,让中国市场成为世界的市场、共享的市场、大家的市场,为国际社会注入更多正能量。"随着对外开放的大门越开越大,我国坚定不移地推进高水平对外开放,在与世界各国互利共赢中建设开放型经济体系,并通过发挥我国超大规模市场的优势,为推动全球经济发展提供更为广阔的市场空间。可见,加快建设全国统一大市场,并不是要忽略国际市场,而是要将国内市场作为我国参与国际合作与竞争的基本盘,通过内外市场规则和标准相互融通,有利于以国内统一大市场为"内核",吸引国际中高端要素资源向我国汇聚,使国内市场与国际市场更好联通,从而为加快构建新发展格局提供基础支撑。

二、推动有效市场和有为政府更好结合

正确处理政府与市场之间的关系,涉及我国经济体制改革和发展的核心问题。2020 年 10 月 29 日,中国共产党第十九届中央委员会第五次全体会议审议通过的《中共中央关于制定国民经济和社会发展第十四个五年规划和二〇三五年远景目标的建议》指出:"坚持和完善社会主义基本经济制度,充分发挥市场在资源配置中的决定性作用,更好发挥政府作用,推动有效市场和有为政府更好结合。"这是我们党对科学把握市场与政府关系这一重大理论和实践命题进行的深刻总结,对构建高水平社会主义市场经济体制和全面建设社会主义现代化国家具有十分重要的意义。加快建设全国统一大市场,不断推动生产要素市场化改革,强化市场基础制度规则统一,加强反垄断、反不正当竞争,提高资源配置效率和公平性,为推动有效市场和有为政府更好结合提供了基础性条件。

打造市场化、法治化、国际化的营商环境。打造国际一流营商环境,是顺应国内改革发展新变化和国际环境新形势的必然要求,关系到我国经济高质量发展能否顺利实现。营商环境的公平透明,既要在市场主体保护、政务服务、监管执法等方面出台有效的政策法规,也要在开放型经济中加强与国际通用规则标准等方面的有效对接。从国内看,加快建设

全国统一大市场,在完善市场基础制度规则和提升监管治理水平等基础上,打造一流营商环境,充分发挥各地区比较优势,因地制宜为各类市场主体投资兴业营造良好生态,积极构建亲清政商关系,激发各级市场主体活力。通过坚持依法行政,公平公正监管,持续优化服务,支持企业家以恒心办恒业,扎根中国市场,深耕中国市场。从国际看,加快建设全国统一大市场,通过推动规则、管理、标准等制度型开放,在数据要素、人工智能、知识产权等方面,推动相关行业标准与国际接轨,健全外商投资准入前国民待遇加负面清单管理制度,平等地对待国内外所有企业,从而稳定外商投资预期,不断优化外资营商环境。

规范不当市场竞争和市场干预行为。有序的市场体系,是市场经济良性运行的载体。党的十八大以来,我国围绕反垄断、反不正当竞争,作出一系列重大决策部署,不断完善公平竞争制度,改革市场监管体制,加强反垄断监管。然而,随着平台经济的快速发展,平台垄断、竞争失序、无序扩张等问题逐步显现,严重影响到市场公平竞争,抑制了创新活力,损害了中小企业合法权益。加快建设全国统一大市场,强化统一市场监管执法,全面提升市场监管能力,有效破除妨碍各种生产要素市场化配置和商品服务流通的体制机制障碍,防止出现平台企业数据垄断等问题,为各类市场主体特别是中小企业创造广阔的发展空间,更好保护消费者权益。一方面,健全完善公平、透明的竞争规则。通过制定或修订《反不正当竞争法》《反垄断法》,发布《关于平台经济领域的反垄断指南》,对保护和促进公平竞争作出全面部署,夯实反垄断和防止资本无序扩张的法治基础。另一方面,依法强化反垄断、反不正当竞争监管执法。依法查处社会反映强烈的头部平台企业垄断行为,依法严格审查平台企业并购案件,坚决防止资本无序扩张,维护公平竞争的市场秩序。

充分发挥"看不见的手"和"看得见的手"的作用。处理好政府和市场的关系,关键要把"看不见的手"和"看得见的手"更好结合起来,两者既要有边界(各有分工、侧重点不同),又要有结合,不能割裂开来,让有效市场和有为政府更好结合、统筹发力。加快建设全国统一大市场,通过全国范围内要素和商品自由流通的实现,最大化地提高各经济主体的效率水平,在充分尊重市场规律的基础上,通过宏观经济政策来引导市场发展方向和不断深化改革来激发市场主体活力,为市场主体提供最大可能的发展空间,把"看不见的手"和"看得见的手"更好结合起来。一是充分发挥市场效率,让"看不见的手"充分施展。通过不断完善产权保护、市场准入、公平竞争等制度,推进价格改革和土地、资本、劳动力、技术、知识、数据等重要生产要素市场化改革,打造统一的要素和资源市场,推进商品和服务市场高水平统一,加快建设高标准的统一市场体系,充分发挥市场在资源配置中的决定性作用。二是提升宏观调控效力,让"看得见的手"有为善为。习近平总书记主持中央全面深化改革委员会第二十三次会议曾强调:提高政府监管效能,要着力解决好"谁来管""管什么""怎么管"的问题。按照"谁审批、谁监管,谁主管、谁监管"的原则,理清责任链条,提高履责效能,严肃问责追责。

通过深化简政放权、放管结合、优化服务改革,推进市场监管公平统一,统筹推进市场监管、质量监管、安全监管、金融监管,加快建立全方位、多层次、立体化监管体系,实现事前、事中、事后全领域监管,堵塞监管漏洞,降低制度性交易成本,更好地发挥政府作用。

三、促进我国市场由大到强加速转变

习近平总书记2020年10月29日在中共十九届五中全会第二次全体会议上指出:"未来一个时期,国内市场主导国民经济循环特征会更加明显,经济增长的内需潜力会不断释放。"加快建设全国统一大市场,更多依靠国内市场实现经济发展,通过挖掘经济发展的潜力,全面推动我国市场由大到强转变,实现国民经济供给与需求在更高层次与水平上实现动态均衡,成为驱动我国经济高质量发展的强劲引擎。

锻造经济可持续发展的强大韧性,既要通过创造新的经济发展路径实现可持续发展的能力,又要通过经济系统自身调整形成对外部冲击的适应能力,从而提升经济不断迈向更高发展水平的能力。加快建设全国统一大市场,通过构建基础牢、韧性强、领域宽、覆盖面广的大国市场,不仅能够充分发挥我国超大规模市场优势,通过释放巨大而持久的市场动能,逐步形成供求相互促进,创新驱动强劲,软硬件环境完善,产业链、供

应链运转顺畅的大国市场体系,更好地为推动我国经济持续、稳定、健康发展提供坚实强韧的市场基础,而且还能够通过改革巩固和扩展市场资源优势,吸引各种资源要素加速汇聚,充分发挥市场的规模效应和集聚效应,优化存量资源配置,扩大优质增量供给,锻造经济发展的强大韧性,以自身发展的最大确定性来抵御外部的不确定性,有效提升应对外部干扰和抵御外部冲击的能力。

加快培育强大的内需市场。培育强大的内需市场是推动经济发展的基石,也是应对激烈国际市场竞争的底气。近年来,我国经济对投资的依赖度明显下降,从投资驱动为主转向消费驱动为主的特征更加明显,扩内需促消费政策持续发力,消费对经济增长的贡献稳步提升,成为国民经济稳定恢复的主要驱动力。超大规模的消费市场已成为当前我国经济发展的显著优势和强大的发展韧性所在,尤其是网络零售、在线诊疗、在线教育、在线文娱、平台经济、智慧经济等消费新业态和新模式迅速增长,孕育着巨大的潜力和活力。加快建设全国统一大市场,通过培育强大的内需市场,不仅推动重点领域主要消费品质量标准与国际接轨,提升我国内需市场在全球供应链和价值链中的地位,而且把实施扩大内需战略同深化供给侧结构性改革有机结合起来,以创新驱动、高质量供给引领和创造新需求,把握和顺应新型消费创新发展的市场规律,从健全商品质量体系到全面提升消费服务质量,不断满足人民日益增长的美好生活需要。

实现高水平科技自立自强。科技是撬动市场的强大支点,推动市场由"大"向"强"转变,科技必须要强。实现高水平科技自立自强,不仅具有深刻的历史逻辑,秉承了独立自主、自力更生的优良传统,还具有鲜明的时代特征,成为推动我国经济高质量发展的制胜法宝。加快建设全国统一大市场,充分发挥资本市场在培育高精尖科技中所起到的孵化器作用,加强对原始创新的支持力度,加大科研攻关,突破目前受制于人的核心技术瓶颈,并打造统一的要素和资源市场,不断完善促进自主创新成果市场化应用的体制机制,加强创新链和产业链对接,利用市场需求引导创新要素有序流动和合理配置,为"卡脖子"技术全力攻关提供大规模应用场景与持续迭代机会,有利于把握新一轮科技革命和产业变革的历史机遇,为实现高水平科技自立自强奠定坚实基础。

第二节　构建基于全国统一大市场的县域经济新发展格局

一、统一大市场的概念

"统一大市场"是指在全国范围内,建设一个基础制度规则统一、市场设施高标准联通、要素和资源统一、商品和服务市场统一、市场监管公平统一、市场竞争和市场干预行为进一步规范的大市场。其中,基础制度规则包括产权保护制度、市场准入制度、公平竞争制度、社会信用制度等;市场设施包括贸易流通网络、信息交互渠道、各类交易平台等;要素和资源包括土地、劳动力、资本、技术、数据、能源、生态环境等;商品和服务市场包括商品质量体系、标准和计量体系、消费服务质量等;市场监管统一的内容包括规则、执法、能力建设等。

从整体上看,国内市场长期存在制度规则不统一、要素资源流通不畅、地方保护和市场分割等突出问题,影响了市场功能的发挥。建设统一大市场的目的是打破地方保护和市场分割,打通制约经济循环的关键堵点,促进商品要素资源在更大范围内畅通流动,全面推动我国市场由大到强转变,为建设高标准市场体系、构建高水平社会主义市场经济体制提供坚强支撑。

二、基于全国统一大市场的县域经济发展新格局

(一)统一大市场带来的启示

对政府而言,一是要提高资源配置效率,解决地方保护、市场分割、重复建设和产业同构等一系列问题。升级国家统一的信用信息共享交换平台,实现各地区、各部门信用共享,降低各省市之间的沟通成本。流通顺畅是统一大市场要解决的首要问题。未来我国物流行业将从快速扩张阶段步入内部资源整合阶段,物流运输将不断优化,应对各类突发

事件的能力也将增强。加强区域联动,地方政府要充分借鉴京津冀、长三角、粤港澳大湾区以及成渝地区双城经济圈等的建设发展经验,不断提升数据信息透明度,推进跨区域监管执法联动。二是加强市场相关政策的顶层设计,不断提高政策的统一性、规则的一致性、执行的协同性。通过推进市场规则、标准体系、监管要求、要素市场的一体化建设,为建设统一大市场提供基础保障。三是加快实现监管现代化,整体规划监管职能、监管工具和监管能力建设,考虑构建能够反映市场监管成效的指标体系,及时总结推广典型经验做法,推动各项措施落地。

对企业而言,一是要抓住国家标准和行业标准整合精简的契机,从跟跑到领跑,积极主导国际标准建设,推动国际知识产权规则形成。健全5G/6G、大数据、人工智能、区块链、物联网、双碳等领域标准体系。企业制造的产品也要逐渐向国际标准靠拢,加速本土制造企业规模化、国际化发展。二是基础电信运营商和信息通信企业要加快建设和完善数字市场的流通网络、基础信息库、交易平台、标识系统,为制定产业政策和监管制度提供"晴雨表",实现数据的高传递,促进市场交易。三是传统企业要加快数字化转型。数字技术将成为打通商贸流通堵点、打破区域边界、建立现代化市场监管机制的重要手段,传统企业要在数字时代实现快速发展,要从整体、系统的角度出发,充分利用先进的信息通信技术,改善研发、销售、生产以及供应链管理等各个环节,更好地适应并赢得竞争,成为统一大市场的受益者。

(二)建设全国统一大市场,重塑地方经济发展新格局

1.全国统一大市场建设对地方经济发展将产生影响

政策高地效应减弱。长期以来,地方政府不仅用足、用好国家的优惠政策,而且制定了很多当地的产业优惠政策,倾力打造政策高地,吸引国内外资本。这是行政区之间经济竞争的重要形式之一,尽管在国家不断加强管理以后,很多不合理的优惠政策被纠正,但仍然存在很多隐性的特殊优惠。全国统一大市场建设将提高政策的统一性,地方招商引资更加依赖于当地的营商环境和高级要素积累。

生产要素流动更加畅通。近年来,我国社会主义市场经济体制逐步完善,特别是在互联网经济的带动下,商品市场一体化程度已经很高,而要素市场分割的情况还比较普遍。一方面,社会保险没有完全互通互认,阻碍了劳动力在全国范围内的自由流动;另一方面,地方招商引资极力打造的政策高地在一定程度上阻碍了资本、技术等生产要素的流动。全国统一大市场建设将打造统一的要素和资源市场,要素在地区之间的流动将更加通畅,尤其是高级生产要素将会在全国范围内重新配置。

产业链集聚加快发展。在疫情冲击下,跨国公司根据经济成本在全球布局生产的情况将会改变,安全性和社会成本将成为决策的重要变量。为了保持稳定性,全球价值链分工出现了“纵向缩短、横向集聚”的特点。疫情冲击后,随着全国统一大市场的建设不断打破地方保护和市场分割,国内的横向产业集聚将会加快发展,形成多个产业链集群,未来的产业竞争将表现为各地区之间产业链集群的竞争。

地区产业竞争更加激烈。全国统一大市场建设的重点是提高政策的统一性、规则的一致性和执行的协同性,不仅不会减弱地区之间的产业竞争,反而会加剧地区之间的竞争。不过,竞争的内涵将会发生很大的变化,不是依靠打造政策高地,而是主要依靠产业发展的软环境。

2.在全国统一大市场背景下地方经济发展呈现新趋势

打造综合成本优势,增强市场主体根植性。全国统一大市场建设不仅将强化市场基础制度规则统一,还将提高市场设施联通水平和要素市场流通性。对于地方经济发展而言,需要从打造政策高地转向打造综合成本优势,增强市场主体的根植性。一是要通过优化营商环境降低制度性交易成本。市场主体是否能长期在一个城市可持续发展,则更主要取决于当地的制度型交易成本。二是要注重高级生产要素积累。企业在进行布局调整的时候更多考虑的是高级生产要素的可获得性。

结合要素禀赋特点,融入产业链集群分工。全国统一大市场的建设将进一步深化国内分工,加快国内价值链“纵向缩短、横向集聚”,在地理空间上出现一些产业链集群。产业链集群采取动态开放模式管理,会吸收很多上下游企业在某个地区进行配套,降低整个产业链受到外部冲击的风险,不同于传统产业集群强调同类产业在每个地区集聚。这就需要各个地方根据本地产业基础,结合要素禀赋特点,融入产业链集群分工体系。

鼓励企业兼并收购,聚焦本地主导产业。全国统一大市场将会导致新一轮兼并收购潮。随着全国统一大市场的建设,通过资本市场进行兼并收购将会重塑地方经济发展格局。对于每个地方而言,聚焦本地主导产业才能从此轮兼并收购潮中获益,这就需要对本地重点企业和主导产业进行梳理,巩固本地企业在产业链集群中的地位,培育其在生产链关键环节的核心竞争力。

加快新型基础设施建设,积极对接统一大市场。《关于加快建设全国统一大市场的意见》提出通过建设现代流通网络、完善市场信息交互渠道、推动交易平台优化升级等推进市场设施高标准联通。尽管国家将对高标准联通的市场设施进行宏观布局,但区域内的基础设施还需要各个地方加快建设,这样才能更好地对接全国统一大市场,吸引更多的企业到当地投资兴业,进而获得规模效应和技术溢出效应。

(三)构建策略

以体制机制变革消除县域壁垒,提高县域之间内循环合作效率。一是将县域经济定位放到更大的区域中去,通过制定更高层级的区域发展规划,实现资源和要素在县域间双向良性互动,构建共建共治共享体制机制,破解县级行政区划的约束。二是健全多元投入机制,强化推进东部县区产业创新与升级,建立东部县区劳动密集型产业和加工组装产业向中西部转移的引导机制,加大对中西部和东北地区县域经济发展和产业承接的定向支持力度。三是着力改善提升中西部地区的交通、信息、能源等基础设施条件,强化财税金融服务。

加大产业链、价值链和供应链的延链、补链、强链工作力度,提高县域经济"双循环"的效率和安全水平。一是加大以科技创新培育发展新动能的力度,积极营造科技成果向现实生产力转化以及新技术快速大规模应用的创新环境。二是围绕县域发展的首位产业、重点产业链、龙头企业、重大投资项目等,强化产业招商,正确引导企业投资和社会投资,着力培养引领县域经济发展的战略性新兴产业和特色优势产业。三是加强产业配套发展能力,在推动县域传统产业绿色转型的基础上巩固传统产业链优势,以战略性新兴产业、特色优势产业和传统产业的绿色升级版等的协同发展,提高县域经济参与"双循环"的内驱力、控制力和稳健性。四是加大农业农村发展新主体的培育,强化传统种养业的投资力度,重点推进县镇都市采摘农业、观光农业、农业专业合作社和家庭农村等农业产业化发展,提高农业产业化发展水平。

充分利用数字经济等新技术新业态,为县域经济"双循环"提供新动能。一是充分利用区块链技术,深入探索数字经济新模式,实现数字经济与实体经济,数字链与产业链、供应链的深度融合。二是围绕数字经济、人工智能、"互联网+"以及分享经济、平台经济等新经济业态,培育县域经济发展的新动能,建立安全、共享和高效的县域经济发展体系。三是重点推进新基建、大数据、区块链技术与战略性新兴产业的深度融合,强化税收优惠和投融资便利。

以新型城镇化为着力点,以公共服务均等化为目标,推动县域层面城乡融合,促进县域经济协调发展。一是推进新型城镇化。在县域范围内,以新型城镇化作为新的发展极,强化规划建设、基础设施建设、产业发展载体和平台建设,建立县域内要素发展的重要集聚点和重要平台。二是推进公共服务均等化。以现代化基本公共服务、城市文明和市镇生活方式向农村延伸为契机,健全县域内农村基础设施建设投入的长效机制,培育城乡融合发展和乡村振兴的新动能。三是在养老、社保、医疗、教育等备受关注的民生领域,进行更大区域更大范围更深程度的区域一体化建设,将区域发展的成果真正惠及县域内所有居民。

充分利用资源和要素优势,以更高水平的开放促进县域经济参与国际循环。一是推动县域内优势企业以核心技术、自主品牌等为依托,带动产品和服务、技术、标准等"走出去",拓展供应链协同的广度和深度,增强对全球供应链的整合能力,占据全球价值链中的有利位置。二是充分发挥县域内中小企业在全球供应链体系中的配套力度,鼓励专精特新产品开发,鼓励开展跨国并购,建立全球创意、研发、生产、管理体系,提升县域企业国际化布局能力与国际化运营能力。三是充分利用"一带一路"倡议,进一步强化与"一带一路"沿线国家和地区的开放型经济联系,积极推动县域组团与"一带一路"沿线国家和地区在交通节点、资源产出区域合作共建外贸出口生产加工基地,共同开拓国外市场,以更高水平的开放促进县域经济参与国际循环。

第三节 抢抓"全国统一大市场"建设机遇 推动县域产业高质量发展

一、把握高质量发展的深刻内涵

当前,我国统筹推进常态化疫情防控和经济社会发展工作取得积极成效,而国际疫情持续蔓延,世界经济下行风险加剧,不稳定、不确定因素显著增多,我国发展环境面临深刻复杂变化。对此,中国政法大学政治与公共管理学院副院长庞金友认为,身处全新的时代和阶段,面临全新的任务和目标,"十四五"时期我们应该着重提升高质量发展能力。倡导高质量发展,是适应经济发展新常态的主动选择,是贯彻新发展理念的根本体现,是适应我国社会主要矛盾变化的必然要求,是建设现代化经济体系的必由之路,能够为我们在新发展阶段提供新的发展动力。

今天,越来越多的人意识到发展不仅意味着国民收入的提高、经济总量的增加、经济规模的扩大,更意味着社会全面的进步,既包括物质文明、精神文明和生态文明的进步,也包括人的素质的全面提升,更意味着社会的稳定和可持续发展。发展是系统的、全面的、辩证的变化,是人与自然、人与社会、这一代人与下一代人的和谐、协调、融合和可持续进步。党的十八大以来,以习近平同志为核心的党中央更是将发展视为解决我国一切问题的基础和关键,坚持新发展理念,努力实现经济持续健康发展。

党的十九届中央委员会第五次全体会议提出了"十四五"时期经济社会发展指导思想和必须遵循的原则。会议指出,要坚定不移贯彻创新、协调、绿色、开放、共享的新发展理念,以推动高质量发展为主题,统筹发展和安全,加快建设现代化经济体系,加快构建以国内大循环为主体、国内国际双循环相互促进的新发展格局。全会将"坚持新发展理念"作为"十四五"时期经济社会发展必须遵循的原则之一,把新发展理念贯穿发展全过程和各领域,构建新发展格局,切实转变发展方式,推动质量变革、效率变革、动力变革,实现更高质量、更有效率、更加公平、更可持续、更为安全的发展。在设定"十四五"时期经济社会发展主要目标时,明确提出,"发展是解决我国一切问题的基础和关键,发展必须坚持新发展理念,在质量效益明显提升的基础上实现经济持续健康发展"。

十九届五中全会将"推动高质量发展"作为"十四五"期间经济社会发展的主题,这是依据当前新的发展环境、新的发展阶段和新的发展目标作出的科学判断:高质量发展是一种全新的发展理念。它是一种立足根本、掌控全局、着眼未来的发展方向和发展目标。它是为了应对复杂的内外环境、破解当前的发展难题,在全面判断时代环境、充分发挥制度优势的基础上,旨在优化经济结构、转换发展模式、提升发展动力的宏观战略。高质量发展,就是能够很好满足人民日益增长的美好生活需要的发展,是体现新发展理念的发展,是创新成为第一动力、协调成为内生特点、绿色成为普遍形态、开放成为必由之路、共享成为根本目的的发展。

高质量发展首先意味着增长方式的创新。要确保经济数据的精确、营商环境的优化、产品质量的可靠、资源对接的精准和配置方式的合理。要建立以智慧经济为主导,以创新、高效、节能、环保为核心,以质量主导数量为导向,推动产业不断升级,推动经济建设、政治建设、文化建设、社会建设、生态文明建设五位一体全面可持续发展的增长方式。要确立创新性、再生性、生态性、精细性、高效益的发展观念,这是高质量发展的本质特征。高质量发展更意味着发展格局的创新。十九届五中全会明确提出,"坚持扩大内需这个战略基点,加快培育完整内需体系,把实施扩大内需战略同深化供给侧结构性改革有机结合起来,以创新驱动、高质量供给引领和创造新需求"。扩大内需的关键在于形成强大的国内市场,而形成国内市场的关键又在于畅通国内大循环、促进国内国际双循环、全面促进消费、拓展投资空间。

二、抢抓发展机会，实现县域经济高质量发展——以河南中牟县为例

近年来，中牟县抢抓郑汴一体化发展机遇，精准把握"新时代""高质量"两个关键，高质量发展现代产业，高品质推进城市建设，高水平推动对外开放和乡村振兴，巩固涵养良好政治生态，经济综合实力和竞争力走在全省前列。2020年全县生产总值、一般公共预算收入、社会消费品零售总额分别达到435.9亿元、61亿元、158.4亿元，产业结构优化为5.7：28.4：65.9，经济发展水平进入全省"第一方阵"，经济综合竞争力和投资潜力居全国百强县第80位和第16位，比2016年上升了19个和48个位次，入选全国县域经济基本竞争力百强县、营商环境百强县和科技创新百强县。

"十三五"时期，中牟县实施创新驱动、开放带动、协调推动战略，加快新旧动能转换，提升城市承载功能，全面优化发展环境，探索走出一条"产业+城镇+开放"协同发展新路子。

（一）推动"产业+城镇+开放"协同发展，开创县域经济高质量发展新局面

1.全面加强党的建设，营造风清气正的良好政治生态

始终坚持以人为本，统筹推进经济、政治、社会、文化、生态文明建设"五位一体"发展，真正充当了县域经济"领头雁"。一方面打造一个过硬的领导班子和干部队伍。中牟县委、县政府班子坚定不移贯彻党中央各项决策部署，充分发挥把方向、管大局、做决策、保落实作用。选拔任用了一批年轻有为、敢于担当的优秀干部，一级带着一级干，在全县营造出合力攻坚、奋发进取、苦干实干的浓厚氛围。另一方面培育出创优争先、非首即耻的"中牟精神"。踏准由县到城转变的时代节拍，按照"全国找坐标、全省立标杆、全市当先锋"的目标，对症下药、精准滴灌、靶向发力，以踏石留印、抓铁有痕的韧劲和恒心，推动中牟全方位、各领域高质量发展，持续提升县域综合竞争力。

2.精准定位发展坐标，构建产业发展新体系

强化链群发展、生态闭环、项目为王理念，着眼做好未来"优、扩"文

章,持续壮大汽车装备、文化旅游等主导产业,全力打造新旧动能转换示范区。一是打造汽车装备产业集群。依托县汽车产业集聚区,拓展整车、专用车、关键零部件等产业链条,积极发展智能网联和新能源汽车,引导汽车制造、零部件及汽车服务等企业入驻。县汽车产业集聚区面积拓展到140平方千米,集聚8家整车企业和近400家零部件及服务企业,形成"研发+整车+汽车零部件+检测+物流+销售+服务"全产业链,成为产值超5000亿元的现代化汽车产业基地、国家新型工业化产业示范基地和国家火炬特色产业基地。中牟县入围全省县域工业30强。二是建设文化旅游特色产业集群。积极发展文化创意、时尚旅游和高端商务产业,延伸总部经济、数字创意、泛娱乐产业、夜间经济和都市配套服务业,推动"大项目—大企业—大产业—产业链"良性循环,构建"3+5"现代服务业产业体系。郑州国际文化创意产业园规划面积132平方千米,建设10个主题乐园和方特假日等9个高端酒店。建业电影小镇一期、只有河南·戏剧幻城等文旅项目和海宁皮革城、杉杉奥特莱斯等商业项目开业运营,成功举办金鸡百花电影节,吃、住、行、游、购、娱配套设施更加完善,连续5年入选"最美中国榜"、首批国民休闲旅游胜地、文旅融合发展优秀城市和省级旅游标准化示范县。三是构建现代化创新发展体系。高标准布局国家级高科技企业孵化器、科研院所等,建设官渡生物医药产业园、中科未来冷链产业研究院、数字技术产业应用研究院、凯雪院士工作站等省级及以上创新平台,新能源汽车、生物医药等战略性新兴产业快速发展。2020年全社会研发投入强度达到1.65%,高新技术产业增加值占规上工业增加值比重达86.7%。

3.内外兼修提升品位,构建现代城镇新体系

紧盯深度城市化发展趋势,统筹城市空间、规模、产业等因素,完善城乡基础设施,持续提升城市品位和综合承载能力。一是打造更加靓丽的"中牟颜值"。坚持"工匠精神",下足"绣花功夫",以文创园核心板块开发建设带动城市结构优化,高标准完成一批老旧小区改造和城市道路综合整治,全面铺开城市精细化管理路长制,公共服务设施和基础设施更加完善,实现了城市有机更新和动能提升。二是打造最美生态宜居

城。实施贾鲁河生态治理、三刘寨引黄灌区、中牟森林公园等工程,建成潘安湖公园、史公湖等生态水系,新增绿化面积1.2万亩,实现人均公共绿地面积翻番,成功创建国家园林县城、全国绿化模范县,是郑州唯一水、气、土三项全优秀县。三是争创全国乡村振兴示范县。在全市率先完成乡村振兴系列规划,积极发展都市农业、生态农业,推动一、二、三产业深度融合,2020年中牟农产品交易额累计达到5100亿元,成为全省农业转型标杆。官渡镇"孙庄模式"走出乡村振兴新路子,刘集镇率先实现全域城镇化,雁鸣湖镇综合实力迈入全国千强,大孟镇、刘集镇综合竞争力进入中部乡镇百强,实现所有乡镇全域一体化保洁。四是全力推动人民共同富裕。累计民生支出350亿元,占一般公共预算支出的77.7%。建档立卡贫困人口全部脱贫、贫困村全部退出,圆满完成黄河滩区居民迁建任务。城乡居民就业形势稳定,居民人均可支配收入与经济保持同步增长。

4.高水平发展开放型经济,构建制度型开放新格局

深度融入"一带一路"建设,营商环境明显优化,招商引资力度持续加大,区域协同开放、联动发展趋势更加明显。一是打造郑州东部开放"桥头堡"。强化与经开区、航空港区发展联动,搭乘"四条丝路"快车,积极发展跨境电商、现代物流等外向型经济,建设占杨国家一级铁路物流基地,支持河南万邦走向国际市场,积极融入"双循环"新发展格局和黄河流域生态保护和高质量发展大通道。二是打造郑开同城创新发展新兴区域。持续创新郑开同城化发展体制机制,统筹推进产业、生态、交通、市政设施、公共服务等综合布局,力争尽快实现交通同城、金融同城、电信同城、产业同城、生态同城和教育资源共享。三是营造一流营商环境。持续深化"放管服"、商事制度、土地供应、财政体制等改革,深入推进"万人助万企""一网通办、一次办成"等服务,确保95%以上的政务服务事项网上可办。"十三五"期间,全县压缩审批事项承诺时限3363个工作日,压缩比例达39.9%;新增市场主体近3万个,进入全省营商环境第一方阵。四是开展"龙头+配套+协作"精准集群化招商。制定大基建、智能网联、高端装备制造等产业招商图谱,瞄准世界500强、行业前10

强开展精准招商、靶向招商,有目标性招引符合中牟产业发展规划的高精尖企业。"十三五"期间,累计新签约项目协议资金3371亿元,先后引进13家国内外500强企业,利用外资3.1亿美元,进出口总额达到94亿元。

(二)开拓思路高位谋划建设"两化五强"的现代化国家中心城市东部新城

抢抓新发展格局构建郑州国家中心城市、郑开同城化发展示范区,构建现代产业、新型城镇、特色投资和开放体系,建设城镇现代化、城乡一体化,产业强、科创强、文旅强、生态强和法治强的"两化五强"现代化国家中心城市东部新城。

1.找准未来发展定位,大胆实行特区发展体制

发挥中牟县全域处于郑开同城化发展示范区中心位置的区位优势,大胆实行特区发展体制,以体制机制改革赋能县域经济发展。一是支持郑开同城化发展示范区申报国家级新区。将郑开同城化发展示范区按照国家级新区标准进行建设,设置郑开同城化发展示范区管理委员会,作为省政府派出机构,由常务副省长担任管委会主任,参照行使设区的市人民政府行政管理职权,行使国家和河南省赋予的省级经济社会管理权限,通过高规格配置更加强有力地领导郑开同城化发展。二是争取设置"中牟特区"。比照深圳、上海浦东和雄安新区定位,在郑开同城化发展示范区设置"中牟特区",明确中牟为郑州大都市区拓展区、郑开同城化发展示范区。支持"中牟特区"创新规划、土地、财税、公共服务等制度,探索郑开同城化发展路径。做好中牟县域功能布局新一轮规划,留足承接省级行政机构、高校、科研院所、医疗机构、企业总部、金融机构等核心功能用地,提供更加优质的基础设施和公共服务。三是推动郑开同城化发展示范区协调联动发展。以"中牟特区"为试点,优化体制机制,整合要素资源,推动形成跨部门、跨层级、跨区域协调联动发展新格局。打破国土空间地理和行政边界阻碍,科学划定郑开同城化先行示范区"三区三线",实现规划一张图、要素供给同城化。适度超前谋划郑开同城化交通基础设施。加快推进优质教育、医疗机构、文化体育等建设,实现区域社保统筹、要素自由流动,提高民生服务供给能力和均衡化水平。

2.高水平重塑产业体系,促进产业高端化、绿色化、智慧化转型升级

找准在郑开同城发展示范区产业体系中的位置,编制好中牟县产业发展规划,打造具有全国乃至国际竞争力的特色产业集群。一是做强千亿级制造业产业集群。支持汽车制造加快新产品研发和新技术推广应用,延链补链发展智能网联汽车、新能源汽车等,扩大专用车竞争优势,创新发展关键零部件,构建更加完善的汽车零部件配套体系和产业链,打造国内有影响力的专用车生产基地。发展壮大装备制造、生物医药和数字经济产业,培育引进"链主企业"、平台企业、终端企业等,增强产业链供应链弹性韧性。二是打造具有全国影响力的旅游目的地。抢抓"三座城、三百里、三千年"世界级黄河文化旅游带建设机遇,培育"文旅+"新型产业和业态,大力发展大健康产业、总部经济等。支持郑州国际文化创意产业园发展"数字+文化+旅游",完善住宿、餐饮、购物及高端优质医疗、教育、居住资源,构建"既有产业、又能生活"的文创旅游新生态。支持建设黄河湿地公园、中牟鸟类湿地公园等项目,打造彰显中原文化厚度的黄河文化旅游带。依托湿地生态景观、AAAAA级景区、生态农业、文化产业园等,分片区打造滨水观光度假区、时尚创意休闲区、文化体验静心区和乡村旅游度假体验区。三是大力发展枢纽偏好型产业。瞄准打造空港型、陆港型和虚拟枢纽,做优做强现代物流产业,打造共联共享的网络货运平台,招引大型快递公司集散基地或枢纽基地落地中牟;培育发展电子信息、生物医药、航空材料制造、维修等现代高端制造业和现代农业;建设国际陆港多式联运集疏中心,发展汽车零部件、机械配件及电子商务、大数据、金融产业。四是积极发展都市型现代农业。全面实施乡村振兴战略,调优农业产业结构,推动一、二、三产业融合发展,丰富乡村经济业态,促进农业高质高效、乡村宜居宜业、农民富裕富足,打造平原地区乡村振兴发展新模式新样板新路径。五是培育壮大龙头优势企业集群。在汽车、文旅文创、新能源、电子信息等领域,培育一批具有全球竞争力和生态主导力的产业链"链主企业"、"专精特新"小巨人企业和单项冠军企业。积极开展企业上市辅导,提供摸查储备、培训辅导、路演对接等全过程服务,支持企业利用资本市场融资发展。

3.发挥"三驾马车"作用,构建面向未来的特色投资和开放体系

发挥中牟县全国最能"买"的消费优势,推动消费、投资、开放联动发展。一是以消费规模优势引领特色产业发展。依托杉杉奥特莱斯、海宁皮革城、万邦农产品批发市场等消费市场优势,发展服装、农产品和文旅产品销售,营造更多消费新场景,培育消费新业态新模式,建设能买能玩能休闲的郑州都市圈消费目的地。二是以投资体制创新扩大投资规模。支持以省级平台公司为主体成立省郑开同城化建设投资有限公司,为郑开同城化发展示范区尤其是中牟特区建设提供融资投资。整合中牟土地、产业、基础设施资源,建设与万亿级投资规模相匹配的投融资体制机制。三是以开放平台建设提升开放层级。积极承办(举办)国内外商务展会、国际会议、国际赛事以及国际文化活动,发展国际旅游、新媒体营销等,提升中牟国际知名度与影响力。申建自贸区创新联动区和综保区中牟片区,争取落地郑州东部国际陆港,加强与"四条丝路"对接,发展跨境电商、保税物流、保税加工等。

4.提升科技创新能力,打造郑开同城创新高地

主动对接和参与郑开科创走廊建设,培育创新载体、平台、要素和生态。一是全力推进郑开科创走廊建设。借鉴武汉城市圈"研发在武汉、制造在城市圈"发展模式,中建郑洛新自主创新示范区联动区,整合重组实验室体系,强化科技、教育、金融融合发展。二是塑造一流创新平台载体。落实重大科技项目"揭榜挂帅"等制度,谋划布局孵化器、加速器、产业园和星创天地等,积极争取大科学装置、重点实验室、研究所、产业研究院等重大创新平台和科技基础设施落地。通过联合共建等模式,布局和建设一批突破型、引领型省级实验室。三是积极引进高水平的高等院校和科研机构。抓住国家和河南省调整高校布局机遇,在郑开科创走廊中牟段引进高水平的高等院校、科研机构入驻,构建"人才结构—产业结构—经济结构"的良性循环圈。

5.深化"放管服"改革,着力打造更好的营商环境

按照"要素配置讲效率、公共服务讲均衡"原则,全面深化改革,激发市场主体活力,打造一流营商环境。一是持续推动政府职能转变。全面

实行政府权责清单制度,持续推行"万人助万企"活动,对重点企业选派服务专员,积极有度为企业提供全程服务。优化政务服务流程,持续减材料、减环节、减时限、减跑动、优流程,推动职能部门"单个事"变成服务企业"一件事",实现大数据联通共享、有序开放。二是打造高标准干部队伍。以建设高端人才集聚区为目标,面向全国、全省选拔党政领导干部,建立健全中牟与京津冀、长三角、珠三角等地区干部人才常态化交流机制,培养选拔一批优秀年轻干部,形成年龄结构合理、专业素质突出、人员相对稳定的党政干部梯队。三是构建科学规范的同城交易机制。统筹使用政策、法制、金融等措施,建立信息披露、信用、契约、违约惩戒等机制,实施规范经济主体交易行为的区域协调性竞争规则,全面防范化解交易纠纷。四是着力打造宜居人文新城。构建同城化综合交通体系,持续提升城市民生保障水平和城市文化建设水平,建设黄河生态屏障、郑汴港生态绿心、河湖水系、生态廊道、智慧大脑等,提升城市应对突发性冲击的能力,打造人文城市、生态绿城、智慧城市、韧性城市。

6.推动城乡融合发展,实现更高水平乡村振兴

深入推进农业供给侧结构性改革,不断开创"三农"工作新局面,推动农业全面升级、农村全面进步、农民全面发展。一是着力推动规划先行。立足撤县设区编制中牟农业农村发展规划,做美中牟新城,提质特色小镇,优化乡村空间和村庄布局,实现产业发展、基础设施、公共服务、生态环境的城乡统一。二是着力推进农业农村现代化。以绿色、高端、高效为方向,积极发展现代农业、都市农业、绿色农业、智慧农业和花园农业,构建农业全产业链,推进数字乡村和美丽乡村建设,用最新的技术引领农业农村发展,率先实现农业农村现代化。三是加快农业人口市民化。以汽车、文旅等产业发展壮大吸引更多的农业劳动力转移到城镇,推进全域教育、医疗、文化、养老等公共服务水平均等化,让农业转移人口真正市民化,享受市民各种社会待遇。

第三章　共同富裕背景下
基于新发展理念的中国县域经济发展

第一节　县域经济的理论概述

一、县域经济的概念与类型

(一)县域经济的概念

县域经济是整个国民经济大系统中的小系统,其概念和内容本身经历了一个长期的发展过程。关于县域经济的含义,学界有诸多学者对其进行过界定。周志纯认为,"县域经济的概念不是一个行政区划的概念,而是长期发展自然形成的一种地域性的经济,是社会主义商品经济的综合体。"这可能是国内学界对"县域经济"最早的定义,包括非行政区划、地域性和商品经济三个方面。这种界定无疑具有明显的时代烙印,当时改革开放时间不长,全国仍处于经济上的"大一统"状态,建立社会主义市场经济体制的实践更没有全面展开。随着改革的深入、学术研究的深化,"县域经济"的内涵逐渐明晰起来,越来越趋向于被理解为在县行政区划的特定地理空间内的区域经济。

总的看来,其大致包含以下几个方面的内容:一是指一个县级行政区划区域内各种经济活动的总和,在此主要强调县域经济的行政区划性和复合型、综合性。二是指以特定县级行政区划为管理对象,以发展本地经济为目标和宗旨的经济,在此主要强调的是县域经济的特色性。三是指出县域经济是一个层级性、开放性的经济小系统,是国民经济的基本单元,在此强调的是县域经济的系统性。综合来看,县域经济就是以行政县为特定区域,以县级财政的独立为标志,以县级区域内所拥有的各种资源为基础,以市场需要为导向,并以特定县之下的镇、乡、村各层次的经济元素间的互动为基本结构,通过人力资源、资金、物质、信息等生产要素的交流互换,从而具有整体功能的经济系统。

(二)县域经济的基本类型

由于各县市的政府政策、市场状况、区位条件、自然资源、人文环境、经济发展水平等因素的不同,县域经济的发展呈现出不同的模式。结合各县市经济发展的产业结构、生产要素要件、地区分布和经济发展水平等因素,县域经济的发展可以归纳为以下四种基本类型。

1. 按县域主导产业进行分类

(1)传统农业主导型。该类型的县域经济强调传统农业在县域经济发展中的基础性作用。在传统农业发展为主的县市,种植业的比重较高,工业发展较落后,经济基础薄弱,人民的收入水平远远低于平均收入水平,因此,多数县市的经济发展水平较低,集聚了大多数贫困县市。这一类型的县市经济发展没有改变传统的以农业为主的产业格局,综合经济发展水平低,已经成为整体国民经济发展中的短板。要实现经济的均衡发展,就要重点解决传统农业主导型县域经济的发展问题。

(2)现代农业主导型。该类型的县域经济在现代农业发展的基础上,工业也得到了一定程度的发展,积极利用当地有利的资源和区位条件,用现代科学技术来武装农业经济,推动农业产业化、现代化的稳步发展,壮大了县域经济实力。这一类型的县域经济主张"规模经营,专业经营",致力于加强现代农业的产业化经营,发动农业相关联产业,进而带动县域经济的全面发展。在良好的农业发展基础上,坚持用工业化理念发展农业,实现农业的产业化经营,大大增强了农业的现代化水平,提升了农业劳动生产率,农业发展带动了县域经济的发展。

(3)工业主导型。该类型的县域经济发展中,工业占据主导地位,具备经济基础好、经济结构优良、发展水平高、综合实力强的特点,在国民经济发展中处于较快速度和较高水平。是力图通过工业的发展来反哺农业,服务于第三产业的发展,为第一、三产业的发展提供资金和技术支持,实现一、二、三产业的发展的经济格局。但是在这一类型的县域经济中,居于主导地位的还是工业,工业总产值是县域经济总产值增长的主要来源,农业在国民经济和就业中所占的份额不断下降,工业成为推动县域经济发展的主要推动力量。

(4)第三产业驱动型。该类型的县域具有交通、区位、人文资源和自然景观资源优势,极大地推动了当地旅游、商贸、文化等服务业的发展;利用当地劳动力充足的优势,通过输出劳动力来促进县域经济的发展。第三产业驱动型县域经济重点强调了服务产业在经济发展中的主导作用,结合自身特色条件,因地制宜地发展特色服务业,带动相关产业的发展,进一步强化了服务业带动县域经济发展的作用。

2.按生产要素进行分类

(1)科技型。该类型的县市科技发展水平较高,随着科技的改革和技术的不断创新,以科技引领的各类型企业得到快速发展,带动了县域经济的整体发展。这一类型的县域在建设小康社会的过程中始终坚持将科技工作摆在重要位置,以特色产业科技项目为重要抓手,将科学技术与经济发展紧密结合,为县域经济的发展提供强大的科技支撑。

(2)劳务型。该类型的县域由于自身资源匮乏,经济发展水平不高,吸纳劳动力就业的能力不强,当地丰富的劳动力无法实现充分就业,劳务输出就应运而生了。这一类型的县市注重加大在劳务领域的推广力度,不断向外地输送劳动力,提供劳动服务,同时还充分利用政府和民间的力量对劳动力进行培训,提升劳动者的技能和素质;劳动者在外务工期间,积累了一定的资金后,就回到家乡进行投资创业,在一定程度上提升了当地经济发展水平。

3.按区位特点进行分类

(1)区位优良型。该类型的县市大多处在交通枢纽、毗邻大城市和港口,可以充分接受周边的优势资源,承接产业转移,调整经济结构,获得发展机会。这一类型的县市充分把握其具备的区位优势,制定合适的县域经济发展战略目标,推动经济的持续、快速、健康发展。

(2)区位劣势型。区位劣势类型的县市大多处在交通不便的偏远山区,资源稀缺、远离商业中心,基础设施建设滞后影响了其对经济发展的推动作用,其空间结构的局限性导致农业发展缓慢,二、三产业的发展滞后。

4.按经济发展水平进行分类

根据经济发展水平的现实情况,各个县域的经济发展水平有高有低,参差不齐。因此,可以将县域经济划分为贫困县和发达县。

(1)贫困县。该类型的县市由于交通不便、资源匮乏、信息闭塞等原因,导致其经济发展还处于自给自足的传统农业发展阶段,农业收入是它们的主要收入来源,主要通过农业来吸纳广大人民的就业。这一类型县市的生产力发展不平衡,科技水平低下,其经济实力和潜力大大地落后于发达地区。

(2)发达县。该类型的县市具有地理位置优越、交通便利、资源丰富、科教文卫事业发达、与外界交流频繁等优势条件,经济发展水平高,社会基础设施完善,人民收入水平高,经济实力遥遥领先。

(三)中国县域经济的内涵

中国县域经济,是在中国的历史背景下不断形成和发展起来的,可以说就是"中国特色社会主义的县域经济",故对此进行界定就必须将其置于"中国特色社会主义"的大背景下,从横向和纵向进行综合考量。

中国县域经济是具有中国发展特色的县域经济,这主要体现在以下几个方面。

第一,中国县域经济是以马克思主义为指导,紧密结合中国发展各阶段特殊国情、时情,理性地选择发展模式和发展道路的经济。改革开放多年来,我国的县域经济实现了巨大发展,而县域经济的发展带来了国民经济的腾飞、综合国力的增强、社会的进步、人民生活水平的提高。县域经济发展之所以能取得如此成就,其原因之一在于在发展中国县域经济过程中坚持了马克思主义。马克思主义作为指导思想,为中国县域经济的发展指明了方向和道路;马克思主义的基本立场、观点和方法为解决发展县域经济过程中出现的各种问题提供了理论依据和思想方法。实践一再证明,什么时候正确坚持了马克思主义,县域经济就能顺利发展,就能取得显著成就;什么时候背离了马克思主义,县域经济发展就会受挫。

第二，发展中国县域经济必须坚持中国特色社会主义道路。党的十八大报告指出："中国特色社会主义道路，就是在中国共产党领导下，立足基本国情，以经济建设为中心，坚持四项基本原则，坚持改革开放，解放和发展社会生产力，建设社会主义市场经济、社会主义民主政治、社会主义先进文化、社会主义和谐社会、社会主义生态文明，促进人的全面发展，逐步实现全体人民共同富裕，建设富强民主文明和谐的社会主义现代化国家。"县域是我国财政收支的最基本单位，是功能相对完备的利益主体，县域经济是国民经济的重要构成和基础单元。发展具有中国特色的县域经济是中国特色社会主义道路的重要体现和基本要求，而中国的县域经济也只有在坚持中国特色社会主义道路的前提下才能发展好。

第三，发展中国县域经济必须坚持中国特色社会主义制度。党的十八大报告指出："中国特色社会主义制度，就是人民代表大会制度的根本政治制度，中国共产党领导的多党合作和政治协商制度、民族区域自治制度以及基层群众自治制度等基本政治制度，中国特色社会主义法律体系，公有制为主体、多种所有制经济共同发展的基本经济制度，以及建立在这些制度基础上的经济体制、政治体制、文化体制、社会体制等各项具体制度。"中国特色社会主义制度与社会主义初级阶段的生产力水平相适应，符合当下国情，顺应改革开放的历史潮流，更为根本的是这一制度是中国特色社会主义道路的制度支撑，也是中国特色社会主义理论体系的制度体现。所以，它将有利于促进我国政治、经济、文化、社会的发展。

第四，中国县域经济必须体现社会主义本质。邓小平同志将社会主义本质概括为解放生产力、发展生产力、消灭剥削、消除两极分化，最终达到共同富裕。其中，解放和发展生产力是前提和手段，"两个消灭"是过程，达到共同富裕是最终目标。作为一个拥有14亿多人口的大国，而且绝大多数人口又居住在县和县以下的区域内，所以县域经济在体现社会主义本质方面，特别是在实现共同富裕目标方面具有重要作用。从某种程度而言，县域经济承载着我国绝大多数人口的就业、收入、生活等问题，是名副其实的民生经济。

第五，发展中国县域经济必须走生态文明之路。生态文明是人类遵循人与自然、人与社会和谐发展这一客观规律而取得的物质与精神成果的总和。它要求人与自然、人与人、人与社会的和谐发展、良性循环以及可持续繁荣。它准确地反映了一个社会的文明进步状态。改革开放以来,中国在经济建设方面取得了巨大成就,但同时也付出了巨大代价,造成了资源浪费、环境污染与破坏,走绿色发展之路是实现可持续发展的必由之路。在新时期发展具有中国特色的县域经济,必须走生态文明之路。这就要求在发展县域经济的过程中要实现产业结构的生态化,加强绿色技术的研发,推进清洁生产,大力开发绿色产品,因地制宜地建立生态工业园区等。

概而言之,中国县域经济不仅具有一般县域经济的特点,同时具有中国经济发展的历史性和现实性,文中研究的中国县域经济是中国特色社会主义县域经济,侧重的是中国改革开放以来的县域经济。

二、中国县域经济的主要特征

从哲学角度来看,事物之所以成其为本身而区别于其他在于其内在的本质规定性,这种本质规定性又会外化为该事物的特征。我们只有准确地把握了县域经济的外在特征,从特征中找寻县域经济发展的本质规律,才能更好地发展县域经济。从"县域经济"的名称看来,它明确指向"县域"或者县级行政区划。而与整个国民经济甚至区域经济比较起来,县域经济只是国民经济或者区域经济的微观组成部分,但中国有句俗语叫"麻雀虽小,五脏俱全",县域经济作为一个独立的经济体系除了具备自身的特别之处,还具备一般经济体系的共性。只有在共性中紧紧地抓住县域经济的个性,才能更好理解和发展县域经济。总的看来,我国的县域经济具有以下特征。

(一)产业构成的多样性

县域经济是一定县域行政区划内存在的经济体系,这种界定指出了县域经济的发展范围,即县域范围内,也指出了县域经济发展的方向,即城乡结合型经济。另外,从产业结构方面来看,县域经济本身就是一个功能齐备、产业构成全面的综合性经济体系。这是相较于城市经济,县域经济本身所具有的突出而首要的特点。

第一，县域经济的这种特点是由县域经济所处地位的特殊性决定的。首先，从属性上看，县域经济是连接城乡的地域经济。县域一定是属于某个中心城市的县域，而县域本身又是它所依附的广大农村的中心，县域连接着城市和农村，是城市和农村生产资料、生活资料、技术、信息、劳动力交换的中间环节，而县域经济也就成为连接城市经济和农村经济的桥梁和纽带。正是由于县域是连接城市经济和农村经济的中间环节，因此很多县域经济体系本身同时具备了城市经济和农村经济的特征。相对城市经济的产业结构而言，县域经济本身就是集农业、工业和第三产业于一体的经济体系。而城市经济在发展过程中，由于农业用地等要素的缺失已经不再承担第一产业的功能，城市经济的发展虽然也涉及生产、分配、交换和消费等环节，但这些环节只限于第二产业和第三产业。而县域经济则依然发挥着农业、工业和第三产业的全部功能。所以，县域经济相比于城市经济而言，是一种综合性的地域经济。其次，从作用上看，县域经济往往在国民经济发展过程中起到一种承上启下的重大作用。县域是连接城市和农村的中间环节，而县域经济则是连接城市经济和农村经济的桥梁和纽带。正是由于县域、县域经济的这种特殊地位，国家关于宏观经济发展的政策、计划、方针等都必须通过县域、县域经济这一层面才能下达乡村，而乡村的经济发展状况，微观经济发展过程中的经验、教训、优缺点等也只有通过县域、县域经济这一中转站才能上传到上层，才能被上级部门全面地把握。

第二，不同产业在县域经济中的地位不同。首先，农业依然是县域经济的基础，并在县域经济发展过程中发挥基础性的作用。我国是个农业大国，农业在整个国民经济中占有基础性地位。农业在县域经济中占有非常大的比重，县域经济的发展离不开农业、农村和农民的支持。从县域本身的发展角度来看，县域经济发展的主体依然是农民，农民通过农业生产为县域经济的发展提供基本的生活资料，提供基本生产资料。在今后一个相当长的时期内，农业依然会在整个国民经济中发挥基础性作用，依然是县域经济发展的重中之重。其次，工业化是发展县域经济的主要路径之一。从西方和中国县域经济发展的成功经验和成功典型来看,县域经济的发展必须走工业化的路子。从宏观的经济发展历程来看,任何一个国家、地区经济的发展均必须经历工业化的过程。随着城市经济的进一步发展,城市经济中工业的功能逐步外移到县域经济中来,使县域经济承担着更多的功能和责任。从县域经济发展的历史来看,任何县域经济的成功发展都要将工业化置放在核心的位置,中国"百强县"各种成就的取得无不如此,先前已经取得辉煌成绩的典型县域经济发展模式,如温州模式、济源模式等也不例外。最后,第三产业在县域经济发展过程中发挥着越来越显著的作用。县域经济要想取得突破性发展,就必须完成对产业结构的合理调整,扩大第二、第三产业,尤其是第三产业在整个县域经济中的比重。第三产业是县域经济的重要组成部分,第三产业的健康发展和壮大,对第一、第二产业发展具有积极作用,有利于加快县域经济的发展,提高整个县域经济的质量和整体竞争力。另外,第三产业的优势还在于有利于扩大就业,缓解县域经济发展过程中剩余劳动力转移的压力。总之,第三产业发展的质量如何、速度怎样将直接影响甚至决定整个县域经济的走向。

(二)经济体系的开放性

县域是连接城市和农村的中间环节,而县域经济则是连接城市经济和农村经济的桥梁和纽带,在国民经济发展过程中起到一种承上启下的重大作用。正是由于县域、县域经济的这种特殊地位,县域经济的发展必然既受到城市经济发展的辐射影响,又受到农村经济发展连带影响。从这个角度来看,县域经济体系是一个向城市、乡村双向开放的经济体系,本身在具备城市经济和农村经济特征的同时又受到二者的双重影响。

另外,县域经济的开放性是与市场经济的发展紧密结合的。随着社会主义市场经济的发展,社会劳动地域分工程度日益加深,县域经济的对外依存性已经形成。在具有开放性的市场经济体制中,县域经济的发展必须具备开放性的基本特质。县域经济本身是一个功能齐备的经济体系,一个"五脏俱全"的微观经济体系,县域经济不是封闭的,而是一个开环的经济系统。县域经济的开放性体现发展县域经济必须将其置于区域经济、置于整个国民经济发展的基本框架中,必须根据国民经济发展的基本方向、基本战略和方针,找准县域经济在整个区域经济中的位置,结合自身的地缘优势、资源优势、产业优势、技术优势以及人力优势制定符合本县域经济发展的具体规划和路线。随着社会主义市场经济体制的建立和发展,县域经济发展所需要的各种生产要素已经完全突破了地域的界限,在区域间、整个国家内甚至国际上流动,随之而来的就是生产、分配、交换和消费也突破了地域的界限,这就必然使县域经济成为一种开放型的地域经济。县域经济的发展必须基于一定的县域,但县域经济发展所需的要素和动力已经突破了一定的县域。由此,闭关自守是绝对不可能发展好县域经济的。也正是由于县域经济开放型特征的存在,使县域经济在发展过程中可以根据自身的优势所在,发展优势产业,推出特色产品,形成县域经济自身的特色,而"特色"往往是县域经济走向成功、取得成就的关键所在。

(三)鲜明的地域特色性

中国地域辽阔,各地域自然地理环境相差很大,加之众多县域所经历的历史不同,所形成的习俗不同,所传承的文化也存在一定差异,这就使得中国县域经济的发展呈现出多样化的局面,形成了诸多特色鲜明的县域经济发展模式。比如温州模式和济源模式,两者都是中国县域经济发展成功的典型,其背后隐藏的却是资源、历史、文化、习俗等方面的差异。但无论哪种成功的县域经济发展模式,必然得从"特色"二字下足功夫。在社会主义市场经济条件下,特色对于县域经济的发展而言,就是竞争力、就是生命力,从某种意义而言,也是巨大的潜力所在。在"看不见的手"的指挥下,要想在市场竞争中取得胜利,就必须具备"人无我有、人有我优、人优我特、人特我精"的能力。

可以说,县域经济是具有自身资源特色、产业特色、文化特色等地域特色的经济,它在整个国民经济中占据着十分重要的地位。特别是在社会主义市场经济条件下,突出"特色"、发挥比较优势是实现县域经济科学、可持续发展的必然路径。这种特色通俗地讲就是与众不同,具有地方鲜明的个性和色彩。从已经成功的县域经济模式来看,都具有一般的共性和规律,突出特色发展往往是县域经济发展成功的典型其中最为重要的一条。从以往成功的做法来看,县域经济的发展都非常注重发展具有比较优势的产业,因为任何县域经济的发展必须依托于一定的地理环境和资源环境,地理和资源的比较优势是县域经济之"特色"形成的基础。而每一个县域在长期的历史发展过程中,一定会承载着独特的、优秀的历史文化,若将这种文化因素置于县域经济的特色之中,无疑会更加提升县域经济的整体实力。在"特色"的基础上壮大具有地域特色的主导产业,培育具有本地特色的优势产业,推出特色产品,就是一件相对简单而且高效的事情。

(四)发展的不平衡性

按照法国经济学家佩鲁的观点,经济发展不可能达到绝对的平衡。中国的县域经济发展无疑也遵循了这个规律。这种不平衡有着地域的原因,比如东部沿海始终处于改革开放的最前沿,浙江、江苏、广东一带的县域经济得到了优先发展的机会,也有资源要素的原因,资源要素是"先天性"的,不可做出人为改变,神木市县域经济的发展就是依托自然资源优势的典型,也有历史和政策的原因,例如邓小平同志提出的"让一部分地区先富起来"。从当下中国县域经济发展的规模、速度和历史进程而言,县域经济发展的不平衡性不仅存在,而且表现得相当明显,正如有学者明确指出,"中国县域经济相对独立、贴近农业、自成体系,以及与市域经济间不平等竞争等特质",将县域经济发展与城域经济发展的不平等性作为县域经济发展的一个特质。中国经济百强县大多位于东部,西部只有极少数县域跻身于百强县之列,而且地位相当不稳定。

归结起来,县域经济是非平衡的地域经济,主要体现在三个方面。首先,从整个县域经济发展来看,呈现出横向比较的不平衡性,这种不平衡性主要表现在生产力的巨大差异和产业结构是否合理性方面。中东部县域经济的发展主要依托于生产力的发展、产业结构的调整以及先进科学技术、管理经验的应用,西部县域经济大多仍然停留于"靠天吃饭"的尴尬境地,也就是主要依托于第一产业的发展。例如,产粮县、产麻县以及水果县等农业型县域大多分布于中西部地区。其次,中国县域经济的发展呈现出鲜明的纵向不平衡性。这种纵向不平衡性不仅出现在东部县域经济发展比较快的地区,如浙江的温州和丽水虽然从地域上紧密相连,但两者之间也存在巨大的差异。而在温州县域经济发展的内部,地区与地区之间的发展不平衡性也依然存在。最后,中国当下县域经济发展的不平衡性还体现在特色比较方面。这与前面所论及的影响县域经济特色发展的诸多因素直接相关。归结起来,影响县域经济特色发展和特色铸造的因素主要有政策、历史、资源、地域、文化、产业结构,等等,对于当下而言,科学技术和管理理念也成为县域经济特色发展的重要因子。在此方面,云南的丽江、陕西的神木、浙江的温州等县域,无疑都是中国县域经济发展不平衡的典型例子。

三、县域经济发展的理论基础

(一)现代西方发展理论

1.主体功能区理论

主体功能区理论是针对区域发展水平和资源状况的差异性问题而提出的,并对区域发展的特殊性给予了充分关注,强调空间资源的互补,这为实现区域协调发展提供了一种新思路和有效途径。所谓主体功能区就是基于不同区域的资源承载能力、现有开发密度、发展前景、经济结构状况、人口聚集现状等,按照协调科学发展和分工合作的原则,将特定区域确定为承载某种主要功能的空间单元和规划区域。"主体功能"包括诸多方面,例如经济发展、环境保护、政治稳定或者其他功能,"主体功能"在一定程度上决定了该地区的发展方向和空间属性。但是,任何区域都是多种功能的综合体,除了主体功能之外,仍需承载次要功能、辅助功能等。以西藏为例,维护祖国统一、民族团结是其第一要务,但如果没有经济的发展,第一要务的完成将变得极为困难,而在高寒缺氧、环境脆弱的条件下推进县域经济的发展,必须以环境保护为前提。

我国地域辽阔、资源环境差异显著,加之历史、政治、民族、文化等的差异,使得我国县域经济发展差别明显、情况各异。如何在县域经济发展过程中,结合自身特点、充分利用当地环境资源,是我国县域经济发展不可绕开的问题。主体功能区理论对于中国县域经济的发展具有重大的现实意义,它对于扭转当前县域经济发展空间不合理现状,实现国土空间有序开发、县域经济可持续和谐发展有着深远意义。该理论的运用有利于打破传统行政区域隔离,实现县域经济内部和县域之间生产要素分配、功能布局的协调,能以求同存异为前提,寻找不同区域之间资源优势、经济优势的最佳结合点,将有限资源的有效利用率趋向最大化,从不平衡中追求平衡发展,最终实现县域经济高效、健康、持续发展的目标。

此外,主体功能区理论将我国各地区划分为优化开发区域、重点开发区域、限制开发区域和禁止开发区域等四种区域类型。这种划分本身就坚持了多重目标的结合。它既坚持重点发展、优先发展,也兼顾协调发展;它既追求经济发展的目标,也兼顾生态保护的目标;它既注重当前利益的获取,也注重未来利益的保护。所以,主体功能区理论必将成为县域经济的基础理论之一。

2.增长极理论

1950年,法国经济学家郎索瓦·佩鲁首次提出增长极理论,后来被法国经济学家布代维尔、美国经济学家弗里德曼、瑞典经济学家缪尔达尔等人广泛使用,并进行了不同程度的丰富与发展。郎索瓦·佩鲁认为,经济的发展不可能做到绝对的平衡,某些主导产业和具有创新能力的行业由于自身优势,必定会增长或者迅速发展,从而形成增长极,并通过其极化和扩散力的辐射不断扩大其在所在区域的发展规模和影响力,从而带动区域及整个国民经济的发展。

所谓"极",在中国的语境里即顶端、顶点、最高点的意思,所以增长极是一个极其形象的经济学术语,主要是指"龙头企业""领头产业"等。一般认为,我们可以通过以非总量的方法安排经济计划,把国民经济按地理幅员分解为部门、行业和工程项目,建立和发展增长极,以极的增长推动整个国民经济的增长。在中国县域经济的发展中建立增长极,就是要推进主导产业或者有创新力的行业的优先快速发展,在一定地区和行业中形成"极",并通过其极化效应带动其他产业和周围区域经济的发展与进步。邓小平同志所提出的东部优先发展战略,从某种意义上讲就是极化理论与中国现实国情相结合的结果。而我国学者夏禹龙提出的"梯队推移理论"、陆大道的"点轴系统理论"、窦欣的"层级增长极网络",都是"增长极理论"在中国县域经济发展中的具体运用。从"增长极理论"视角来看,要实现中国县域经济的发展,首先要为"极"的形成创造必备的条件,其主要包括以下几个方面:一是政府实施长期可持续的经济计划,在不遏制市场机制发挥作用的前提下,提出具有战略性发展的策略,对部分产业进行重点投资,形成规模经济;二是在经济发展过程中,政府不能既是"运动员"又是"裁判员",而是要为企业发展提供良好的环境;三是提供良好的交通、通信、生活等基础设施条件,为企业的发展创造前提条件。

3.区域比较优势和竞争优势理论

在对县域经济及其发展过程进行研究时,人们习惯将区域比较优势和竞争优势两者相提并论,但是比较优势和竞争优势有着严格的区别,必须对其进行明确的界定。

区域比较优势是与区际贸易、区际分工以及区内分工相联系的。最早的比较优势理论源于大卫·李嘉图的比较成本学说,主要是指各国在土地、劳动力及金融资本等有形资源禀赋上存在着差异,使一个国家可以在某类产品的国际贸易中形成生产费用优势。而在区域比较优势理论中,赫克歇尔·俄林的要素禀赋论颇具影响力。他认为,任何商品的生产均需要恰当的生产要素比例,而不同国家或地区其所拥有的生产要素存在差异。每个国家或地区应该生产与自己资源禀赋优势相关的产品并用于出口与交换,进口或交换那些需要较密集使用其稀缺生产要素的商品,这样就会产生比较利益,这样的产业格局就必然会形成比较优势。比较优势是区域分工和区际贸易的基础,每个国家和地区均应发展比较优势产业,实现区域资源互补,从而提高资源空间配置效益。可以看出,比较优势是一种"原发性"的优势,往往与资源禀赋直接相关,如土地、劳动力、资本、矿产资源,等等,是一种天然的竞争力。

20世纪80年代,美国经济学家迈克尔·波特首次提出了竞争优势理论,其主要指一个国家在整个世界市场竞争中所体现出来的优势,其核心标志是生产力水平的高低。波特认为,竞争优势包括企业竞争优势和国家竞争优势。他在其著作《竞争优势》中指出："竞争优势有两种形式：成本领先和标新立异。"形成这种竞争优势需要做到两点：一是在保证产品质量的基础上努力降低成本，二是在产品中体现创新能力。如果说比较优势是一种自然的原发性优势，那么竞争优势就是与人相关的后发性优势。从两者概念和内涵的界定而言，比较优势是一种潜在的生产力和竞争力，但其本身还不是生产力和竞争力。比较优势会为竞争优势提供一个良好的基础，但必须靠政府、知识、管理、人力资源，特别是创新等才能将比较优势转化为真正的竞争优势。简而言之，比较优势仅仅是一种优势，竞争优势却是一种胜势，必须将优势转化为胜势。

要想实现县域经济的良好发展就必须正确运用好区域比较优势和竞争优势理论。首先要准确定位本县域的比较优势。比较优势涉及地区间产业结构以及地区间的产品交换，准确定位本县域的比较优势有利于明确产业分工，实现地区间合理的产业互补。在此基础上，以先天有利的资源禀赋为条件，着力发挥竞争优势。通过区域比较优势和竞争优势的完美结合实现"扬长避短"和"优胜劣汰"，充分发挥县域经济的"原发性"优势和"后发性"优势，使各种生产要素得到充分利用，从而迅速推动县域经济的发展。

4.不平衡发展理论

由于自然环境、民族文化、历史发展等的因素，中国自古以来就是一个区域发展不平衡的国家。时至今日，县域经济的发展水平仍参差不齐。其实，任何国家和地区的经济发展要想实现理论上的完全均衡是绝对不可能的，特别是在经济发展的初期，区域间的发展即使同一区间内部，也必然会出现极大的差异，可以说早期的不均衡是经济发展的必然现象。随着经济的发展，区域间不平衡的程度将会减弱，直至经济发展成熟的后期，这种不平衡发展才会慢慢消除，倾向平衡增长。这种发展中的不均衡为国民经济整体的腾飞提供了动力。美国经济学家威廉逊将这种有时间变量的不平衡发展理论称为倒"U"形理论。针对当前我国经济发展的不平衡现象，学界不同学者有不同的论述，也存在一定争论，但也有着共同的基本认识：区域经济发展的不平衡性是我国现阶段，乃至相当长的时期经济增长中不可回避的客观事实。县域经济作为区域经济的一类,必然受到经济不平衡发展规律的支配。

地区或者县域之间经济发展不平衡的原因主要有以下几个方面。一是不同地区经济发展的资源条件存在巨大差异。我国幅员辽阔,自然资源丰富,但各地分布不均。享有天然自然禀赋的地区,经济发展自然相对较快。二是不同地区的经济增长动力存在差异。每个地区的经济增长同该地区的自然资源、投资环境、产业结构、基础设施、政策制度等密切相关,这些要素的合理搭配会给经济增长提供强大动力。而这些具体要素的差异则使不同县域的经济增长动力存在差异。三是政策性因素导致发展不平衡。基于社会主义初级阶段的基本国情和现实状况,党和政府做出了"让一部分人、一部分地区先富起来",以先富带动后富、最终实现共同富裕的改革决策,通过政策优惠、倾斜促进一部分地区优先发展。这种改革决策在促进经济发展的同时也造成了各地区发展的不平衡。四是"马太效应"加剧经济发展的不平衡。地区经济发展水平越高,就越容易集中更多的人力、物力和财力,形成更大规模的集聚经济,而贫困地区的人才、资源等则会倾向于流向发达地区,从而使得富裕的地区更富裕,贫穷的地区更贫穷,加剧地区经济发展不平衡现状。

长期的不平衡发展,不仅会损害整个国民经济的整体协调性,还会引发落后地区国民的不满情绪,带来诸多社会矛盾。所以,在发展县域经济的过程中,要关注县域的平衡发展,在发挥市场作用的同时利用政策性因素改变不平衡发展状况,避免贫富悬殊、两极分化。总的看来,要想使县域经济发展不平衡趋向平衡应该从以下几方面着手:一是通过调节需求与供给的平衡,使人力物力、财力、技术等要素在"看不见的手"指挥下协调流动。二是发挥增长极的扩散作用,通过增长极带动不平衡走向平衡。三是发挥国家宏观调控作用,通过倾斜性政策的使用,使落后地区得以快速发展。四是各地政府通过对产业结构的调整,推动区域之间的经济平衡。中国县域经济经过几十年的探索和发展,正步入相对成熟的阶段,地区差距随着整个国民经济的发展正在逐步缩小。在全面建成小康社会的关键时期,探寻经济发展规律,实现平衡、健康、持续发展的目标,是县域经济发展过程中必须坚持的重要思想。

(二)可持续发展理论

科学发展观提出:"发展必须是全面协调可持续的发展,必须是又好又快的科学发展。"所谓的可持续发展就是既要满足当代人生存和发展的需要,又不对后代人满足其生存和发展之能力构成危害。它的基本要求是经济、社会、人口、生态以及资源的和谐发展。可持续发展的内涵丰富,它的核心目的是发展,但这种发展必须满足全面发展、协调发展、持续发展、质效发展等要求,特别是要做到人口的可持续发展、经济的可持续发展和生态的可持续发展。

党的十一届三中全会之后,党和国家的工作重心回到以经济建设为中心上来,但部分人和部分地区片面地将"以经济建设为中心""发展才是硬道理"理解为经济指标的增长,陷入了单纯追求经济增长,忽视生态环境保护的怪圈。粗放型的经济增长方式给生态环境造成了极大的破坏。可持续发展战略的提出意味着修复、保护、合理使用自然资源和环境,为未来经济发展提供源源不竭的动力。这同时也意味着在发展计划和政策中,加入了对环境和资源的关注和考量。

县域经济的可持续发展应包含以下几个方面的内容:一是全面发展,其主要包括经济、人口、社会、环境等多方面发展。此外,全面发展还指向发展的质量、数量和速度等问题。二是持续发展,这主要是指实现对自然资源的永续利用。对于具体的县域而言,可持续发展的诉求依赖于可再生资源的永续利用,只有努力保持自然生态环境,保护生物的多样性,才能达到可持续发展的目的。三是协调发展。县域经济可持续发展的核心问题是保持人与自然环境的和谐。一方面,人在与自然环境的互动中,提高人类改造自然而获得物质财富的能力;另一方面人自身对自然环境保护的意识和能力的提高,使县域经济在合理利用资源、有效保护环境和物种基础上持续、稳定、协调地发展。四是坚持以人为本的发展。摆脱贫困、走向共同富裕、发展成果惠及全体人民是我国经济发展的主要目标,也是县域经济发展的题中之义。在发展过程中要切实维护好、实现好人民的利益,决不能有损人民的切身利益。五是质效发展。

县域经济作为国民经济子系统,是科技兴国、科技兴农的基本平台,依靠科技进步是县域经济发展的必要途径。如果仅仅以高投入、高消耗、低效益、高污染方式去追求发展,只会落入恶性循环的窠臼。

目前,县域经济的可持续发展仍然面临不少亟须解决的问题,如经济发展的评价标准过于单一,导致地方干部盲目追求GDP增长;环境污染日趋严重,资源消耗居高不下;人口增长速度快,劳动者就业问题压力大等。

第二节　中国县域经济发展的现状分析

一、改革开放以来中国县域经济发展的主要成就

(一)东部地区发展成效显著,中、西部地区蓬勃发展

从地理空间和历史传统形成的区域划分角度,将中国县域经济发展分成东部、中部、西部的县域经济,并进行深入挖掘,在基础分析中国县域经济发展过程中,发现东部地区的县域经济发展成效显著,同时,中部和西部地区呈现出具有一致性的发展趋势即县域经济迎头而上、蓬勃发展,为县域经济的深入发展奠定了比较雄厚的经济基础。

中国东部地区县域经济的发展始终走在全国前列,不仅表现在宏观总体发展角度,而且展现在微观具体的个案发展过程中。从宏观性总体发展来看,由于东部特殊的地域优势、国家对东部的政策扶持、产业结构的合理调整、先进科学技术的研发和转化、思想观念的解放以及体制改革创新等方面的因素,东部地区发达县域的数量多,而且县域经济的竞争力比较强。

概而言之,全国的县域经济发展呈现出积极的发展态势,其中,东部地区县域经济不管是从宏观性总体发展来看,还是从微观个别县域发展来看,现今都取得了巨大的成就,经济总量得到了很大的增加,既促进了东部县域经济的发展,同时,也为中西部县域经济的发展提供了可以借

鉴的经验,中西部经济的增长速度实现了很大的提高。

(二)要素结构得到不断完善,部分县域经济发展迅速

县域经济在发展过程中,受到诸多要素的影响,这包括国家政策、产业结构、环境(自然、社会)、人才、资金、市场、科学技术、思想观念、体制以及配套设施,等等,在这些要素中,有些是可控的而有些是不可控的,部分县域在经济发展过程中,基于不可控因素,调整可控因素,很好地完善了县域经济发展的要素结构,推进了县域经济的迅速发展。

推进要素结构的调整,是部分县域经济发展的宝贵经验。从产业结构方面来看,合理的产业结构是县域经济持续发展的重要保障,推进产业结构调整和升级是提升县域经济竞争力的关键,有利于推进县域经济的全面发展,以遵义市播州区为例,遵义市播州区是一个历史文化悠久的名地,具有良好的农业发展基础,可以说,发展农业是该地区长期发展的重要根基,但是随着现代科学技术的发展和现代化的要求,农业技术的要求也不断提高,如何高效地推进农业的发展是该区面临的挑战,在这个过程中,遵义市播州区适应时代的需求,大力创新,推进了新兴工业的发展,并在发展过程中,实现了工业集聚,进一步促进了部分区域服务业的发展,在此基础上,政府着手推进了三大产业的合理调整,走出了一条农业园、产业链、休闲生态全方位可持续发展的路子。从人才和资金角度来看,在转型期的当代中国县域经济发展过程中,人才和资金是关键因素,如何引进人才、利用好人才并留住人才以及如何引进资金、利用好资金可以充分地发挥县域经济的重要作用,江苏省在这方面做得非常好,这也是江苏省的县域在百强中占有众多名额的重要因素,江苏省每年的"人才引进"计划,是非常诱人的,以在2016年百强榜中排名第三的张家港为例,张家港市非常重视人才的引进,每年都有相当完善的人才引进计划,且引进计划涉及各个方面,在人才引进中重视高端人才的引进和培养,将人才和高端技术有机结合,不仅有一套完整的人才引进计划和措施,同时拥有配套的培养计划和措施,为县域经济的发展创造一个良好的人文社会环境。中西部地区的发展也是如此,"西部大开发"和"中部崛起"的过程中,如何吸引人才到西部去、留住中部的人才,又如何

在中西部地区吸引资金,为经济的发展提供基本的人才保障和充足的资本关系着县域经济的长远发展。

(三)充分利用地区中的资源,县域经济有了明确定位

适时适地,每个县域在发展过程中,都会挖掘到自身的优势和资源,抓住机遇,充分利用县域中具有特色的资源,挖掘其经济效益,展示县域经济发展的特色,为县域经济的发展找准定位,实现县域经济的特色性的发展,这也是推动区域经济发展的基础和重要路径。

发掘和推动所在区域优势资源的开发利用,逐渐形成县域品牌已经成为很多县域经济发展的选择,在这个过程中认识到资源的优势,并且勇于推进创新改革和转型是部分县域经济发展起来的秘诀。

二、中国县域经济发展现状和存在的问题

(一)资源消耗大,发展难以持续

县级政府的GDP意识较强,重数量的增长,轻实质性的发展,重短期效益,轻长期规划,重招商引资,轻内功培育;重外表形象,轻本职工作等,这些现象的存在,使县域经济的发展表面看起来是轰轰烈烈,各种数据在持续增长,但县域经济没有实现内生性、结构性发展。当前我国县域经济发展存在不平衡、不协调,产业结构不合理,资源消耗大、环境污染严重,发展封闭等问题,这些制约着县域经济的健康快速发展与长期可持续发展。

社会效益就是最直接、最现实的民生问题。而真正的社会效益是使用最小的社会资源包括生态资源、人力资源等,去满足最大多数人的根本利益。中国县域经济的发展首要意义在于它是社会主义中国的县域经济发展,发展的目的在于维护人民的利益、发展人民的利益,若县域经济发展中经济效益的获得牺牲了社会效益,这就违背了科学发展观,也违背了社会主义本质。又好又快的发展离不开经济效益和社会效益的兼顾,而且必须兼顾。关注社会效益就是贯彻以人为本的科学发展观。不注重社会效益,县域经济的发展就不会获得广大群众的接受和认可。从长期来看,这种发展注定是失败的。

经济的发展与生态的保护一直作为一对矛盾体存在于每个国家的发展进程中。从一般意义上来说,经济效益是生产和再生产过程中劳动占用和劳动消耗量同符合社会需要的劳动成果的比较。我们在投入一定劳动的实践过程中,给生态系统中的生物因素以及非生物因素进而对整个生态系统的平衡造成某种影响,而这种影响又对人的生活环境和生产环境产生某种影响效应,就叫作生态效益。在经济发展初期,生活水平较低,甚至温饱问题还无法解决,在这时,提高经济发展速度,适当牺牲生态效益可取得效用的最大化,因而经济效益成为矛盾的主要方面。在现今,也就是经济发展较好的情况下,我们的物质生活变得十分丰富,一味注重经济效益只会导致社会总效益的下降,因而生态效益和社会效益转化为矛盾的主要方面。三者相互影响,相互制约,并在不断地转化。

在发展县域经济的过程中,我们必须坚持将三者有机结合起来,坚持发展绿色GDP,多在社会效益和生态效益上下功夫。通过推动科技创新实现整个产业转型升级。加快经济发展方式转变,将原有的粗放型、低附加值的产业进行转化,与培育新兴高科技战略产业相互结合,将培育县域特色的支柱产业作为这两者结合的重要衔接点。党中央在2022年的一号文件当中也提出,要坚持农村的可持续发展,恢复和保护被过度开发的农业资源,坚持科学发展观。这种发展观是建立在我们进行城市经济建设和发展的宝贵经验和惨痛教训基础之上的。因而,我们要想少走弯路,就要向发达国家和地区充分学习将三者协调发展的成功经验和做法。在经济建设过程中甚至是招商引资进程中,必须把生态建设放在首位,坚持可持续发展的目标。不能为了县域经济短时的发展,而牺牲生态效益、社会效益,要坚持将经济效益、生态效益和社会效益充分结合的重要原则,以此达到经济发展与环境保护的和谐统一。

(二)市场封闭,资金等要素不足

在经济全球化的时代,在社会主义市场经济条件下,任何地方都是开放性经济的沃土,但是县域由于区域和历史等方面的原因以及本身具有封闭落后的劣势,在其发展过程中,还存在市场机制不健全、市场化程度低等问题,而县域的市场化程度低又直接导致县域的封闭落后,这一系列相关的问题进一步影响着县域经济发展的政策、融资等发展要素的发展和完善。

以开放发展理念为引领,解决县域经济发展相对封闭保守的问题。统筹区域开放与对外合作,就是要在加快区域发展过程中有国际视野,从国际发展的大环境看中国的区域发展,把中国的区域发展与国际上的多方资源配置结合起来。也就是说不仅在宏观的国家大局上要讲开放,在县域的区域发展中也要讲开放。县域经济在发展过程中,不仅面临着区域与区域之间、县域与县域之间的壁垒,同时也面临着县域内部的封闭,地方保护主义和固守传统发展模式的现象比较严重,影响着县域经济资金、技术、人才等方面的"引进"和县域经济产业的发展和"走出去",阻碍着县域经济发展的步伐,这就要求在县域经济发展过程中,坚持创新发展理念的指导,在变革原有落后观念的基础上,落实开放性的政策,赢取互惠互利的结果,打造区域经济发展的"升级版",开创县域经济发展的新局面。

在破除县域经济存在的封闭保守局面的过程中,需要从多处着手落实对内开放。创新和开放是相互作用的,开放有利于创新,创新推进进一步的开放,在创新思维观念的基础上,打破传统观念的束缚,解放原有的思想,为县域经济的开放奠定思想基础。于此,进一步推进"引进来"和"走出去"的战略,统筹县域内和县域外的两种资源和两个市场,在坚持发展特色经济、培育适于县域发展的中小企业的基础上,重点发展具有更大潜力和竞争力的产业和企业,推进产品和产业走出县域市场,进入其他市场甚至全国和国际市场,同时注重引进外来的利于本地县域经济发展的产业和产品,以互通有无、注重利用开放的格局,完善县域发展中的要素,引进外资、技术和人才等,构建完善的配套设施,减少重复性生产和浪费,提高县域人们的生活水平和经济发展的质量。

再者,强调县域经济的对外开放,促进县域经济"引进来"和"走出去",不是意味着仅仅为了本地的县域经济发展,不管不顾其他地区的发展进而推行损人利己的措施,形成恶性竞争,而是强调在开放的环境中逐步形成互利互惠的局面,既促进本县域经济的发展,同时带动邻近或者其他县域经济的发展,最终促进县域内和县域之间共同发展,形成双赢的局面,共享发展的成果,为全面建成小康社会贡献一份力量。

第三节　新发展理念引领县域经济发展的关键之举

一、加快制度创新,深化体制机制改革

在全面深化改革的大背景下加快制度创新,深化机制体制改革是促进中国县域经济发展的根本动力,能够为县域经济的发展提供制度保障。

(一)加快农村经济体制改革

在新时期发展县域经济,解决"三农"问题,就必须进一步改革和健全农村经济体制。国务院发展研究中心所做的一份报告指出:"完善农村社会主义市场经济体制,必须对包括农村土地制度、粮食流通体制、农村税费体制、国家对农业和农民的支持与保护制度等在内的农村经济体制进行全面的综合改革。"这为今后一个时期,如何改革与健全农村经济体制,从而推动县域经济的发展提供了启示。特别需要指出的是,为了推动县域经济的快速发展,农村经济体制改革必须加大力度、加快步伐,从根本上革除目前我国农村经济体制上存在的弊病,为县域经济的发展扫清制度障碍。具体来说,要重视和注意到:

1.有序推进农村土地确权工作

土地是农民最基本的生产资料和生活来源,土地产权对农村土地管理具有重要的意义,是农村进行经济体制改革的支撑点。所以在改革与健全农村经济体制的过程中,必须保证给予农户真正使用、收益和处分相统一的承包经营权。

2.继续深化城乡税制改革,以税惠农

目前,为了大力促进农村经济的发展,缓解"三农"问题压力,国家已经全面取消农业税。但是,取消农业税还不是解决"三农"问题的根本,

还必须在税收使用上实行倾斜制度,以税惠农。

3.继续发展粮食市场,完善国家粮食储备制度

农业是国民经济的基础,粮食是基础的基础。要确保农户通过种粮卖粮能获取收益,并且能达到收益的最大化,消除农村土地荒置现象。同时,扭转国家粮食功能定位不明、规模大、成本高、效率低、时效性差、透明度低等现状。

4.加大对"三农"问题的政策扶持力度

财政、税收、教育、卫生、文化等部门要实行积极的惠农政策,共同致力于"三农"的问题解决。此外,还要进一步健全对农产品、农业机械产品等的直接补贴制度,对规模经营的农户予以技术支持,从制度层面增强农民抵御农业经营风险的能力。

5.继续完善城乡统一的社会保障制度

加大户籍制度改革力度,给予农民基本国民待遇。二元户籍制度的存在导致城乡分割的就业制度。在县域经济发展过程中,若要充分利用和发挥人力资源的最大效应,就必须破除不合理的就业制度,让市场去发挥人力资源配置的基础性作用。唯有如此,才可以引导城市居民和农村剩余劳动力在平等的条件下自由流动,平等竞争,最终实现劳动力市场的统一化、一体化。

(二)完善土地经营制度

土地制度是农村的经济运转中最基础的制度。2014年中央一号文件明确指出,深化农村土地制度改革必须坚守三条底线:"第一条就是要坚持农村土地农民集体所有。农村土地属于农民集体所有,是我国农村经济的根本制度,农地集体所有不仅是公有制的重要组成部分,也是我国农村社会治理机制的基础。第二条就是要坚持农村基本经营制度。农村基本经营制度是党的农村政策的基石,是农村土地集体所有制的有效实现形式。要在落实农村土地集体所有权的基础上,巩固家庭经营在农业中的基础性地位,稳定土地承包关系并保持长久不变,维护好实现好承包农户的各项权益。第三条就是要坚守耕地红线不动摇。土地是农业之本,耕地是粮食生产的命根子,要确保国家粮食安全,首先就要守

住耕地红线,保证耕地面积不减少、质量不下降。守住了耕地红线,才能保住我们的饭碗,才能把我国粮食安全的主动权牢牢掌握在自己手中。"中央一号文件的发布,为今后一个时期县域经济发展的土地制度改革指明了方向。

所谓的土地合作经营制度就是在坚持土地集体所有的前提下,在一定的区域范围内,通过出租等流转形式,实现土地集中,扩大农地规模,实行合作经营,所得收益按照一定比例在合作主体之间进行分配的一种经济组织形式以及保障这一形式正常运转所必需的相关的组织制度。实行这样的制度有利于实现土地的集中经营,实现规模效应,有利于提高土地的流转效率,解决土地荒置,提高土地的利用率,有利于解决土地经营的短时段问题,解决农村新增人口的土地问题。当然,土地合作经营制度必须强化土地的流转,只有在土地流转的基础上才可能实现合作经营。此外,土地的合作经营仍需要充分发展农村社会生产力,同时促进非农产业的发展,加快推进农村剩余劳动力的适时转换,提高农民自身素质,健全社会化服务体系等。

改革农村土地经营制度就是要通过科学的路径,实现农业生产要素,包括土地、劳动、技术、资金等的优化配置,以发挥这些生产要素的最大效应。而这需要扎实推进土地的流转与集中,并由此展开规模经营。从我国发展县域经济的现有经验来看,土地流转的主要形式有土地互换、出租、转包和入股。这些形式都有利于县域经济的大发展,完全可以在全国范围内推广。各种制度的实现必须依托一定的模式与路径,各县域可以依据各地不同的资源禀赋、经济发展水平、文化传统以及人地关系等条件,采取不同的形式实行农村土地合作经营基础上的规模经营。笔者认为,在中西部地区可以实行农户自主合作经营模式,在地势较好的平原地区,可以实行大户合作经营模式,当然在我国任何一个县域均可以实现股份合作制与合作社经营制度,而江浙沿海一带目前盛行的集体合作制也是实现土地规模经营的有效手段。

只要有利于发展农村生产力、有利于提高农民收入,有利于县域经济快速发展的土地经营制度、土地流转制度都可以在我国农村适用。为了使良好的土地经营制度能够正常运转,取得预期的效果,还必须加强制度运转的外部环境建设,诸如继续深化土地改革,明确农村土地产权,继续加强土地制度运转的法制保护力度,继续完善土地流转运行机制,继续强化对土地经营的科学化管理,继续给予农村土地经营与流转宽松政策环境等。从县域经济发展角度来看,科学的土地经营制度和土地流转政策,有利于发展农村生产力,增加农民收入,而规模经营也有利于特色品牌的创造。总之,加强土地流转和土地的规模经营,是解决"三农"问题和发展县域经济的有效手段。

(三)深化县域金融制度改革

虽然,随着我国金融体制改革的逐步深入,县域金融取得巨大的发展,极大地推动了县域经济的进步,但现行的金融体制和金融服务体系却大大滞后于我国县城经济的发展步伐。金融瓶颈,是我国县域经济发展过程中普遍面临的问题。从近些年县域经济发展状况来看,没有县域金融的大力支持,中国县域经济就不可能快速发展。发展县域经济必须首先发展县域金融,县域金融是保证县域经济发展的重要前提,是加快县域经济发展的助推器。

对目前我国县域金融体制的运行进行深入调查与研究后发现,主要有如下几个问题导致其对县域经济发展的支持不力。第一,县域金融的服务功能和体系不完善。县域金融虽然在整个金融体制改革的大背景中有了进一步的发展,但是在改革的过程中也出现了新的问题。国有商业银行几乎先后从县域金融市场全部退出,造成能给县域经济发展提供融资的主体急剧减少,农业银行和农业发展银行的服务功能不可能满足县域经济发展的多方面需求。第二,在县域经济资金本来就紧缺的情况下,却出现县域资金严重外溢现象,资金的运用呈现加速背离农村金融市场的趋势。第三,农村信用社作为县域金融的核心机构,其贷款规模与贷款期限并不能满足县域经济发展的需要。虽然金融改革不断深入,但农村信用社依然延续着传统的信贷模式,与多元化的县域经济发展要求不相适应。第四,县域金融产品的供给和需求不相协调。随着国有商业银行的集体退出,农村信用社在县域经济发展中显得独木难支,根本不能满足县域经济多样化和多层次的特点要求。第五，县域金融系统现处于多部门交叉管理的管理机制下，长期以来各部门之间角逐和博弈，这就导致县域金融改革步履维艰、成效甚微。

所以，针对目前县域金融体制以及运行机制中存在的突出问题，必须深化县域金融体制改革，探寻合理的运行机制，完善县域金融的服务体系，以期给予县域经济的发展更大的支持与动力。

1. 充分发挥县域金融在县域经济发展中的重要作用

县域经济发展是全面建成小康社会的重要一环，是解决"三农"问题的重要途径，而县域金融又是县域经济发展和腾飞的助推器，所以，必须加快县域金融体制改革，探寻适合县域经济发展的县城金融运行模式，不断加大资金支持力度，为县域经济的快速发展提供有效的金融支持。

2. 增加信贷资金投入，预防县域资金外流

深化县域金融体制改革，首先必须处理好银行系统的职能关系，理顺商业银行、政策性银行、农村信用社和邮政储蓄的资金关系，这样才能形成县域资金的良性循环机制，增加信贷资金的投入效益。这要求，矫正国有商业银行的投资政策，降低国有商业银行对县域经济主体的投资门槛，正确处理商业银行内部改革、县域金融体制改革和支持县域经济发展三者之间的关系，按照产权明晰、强化机制、增强服务、国家扶持和地方政府负责的原则，全面推进县域金融体制和运作模式的改革。

3. 充分发挥农村信用社在县域金融体系中的核心作用

据统计，由于农村信用社点多面广、广布基层，所以农村信用社在整个县域金融市场中占据着近一半的金融份额，有的县域甚至超过60%，所以，必须充分挖掘农村信用社的潜力并充分发挥其作用。

4. 增强县域金融机构的创新能力，不断推出适应县域经济发展的新的信贷服务

不可否认，县域企业是县域经济发展的核心力量，因此县域金融服务重点是对企业的服务。而县域金融服务创新首先要考虑的也应该是县域企业的金融需求，而其关键就是不断推出新金融产品或新金融服务项目，如制定符合并有利于促进县域中小企业发展的信用评级标准、贷款

额度以及简易的操作流程;建立和实施公司担保自然人贷款制度;切实推行票据融资业务等,为县域经济发展提供全方位金融支持。

5. 积极营造和谐有序的金融市场环境

努力打造社会信用文化,营造良好融资环境亦是县域金融体制改革的重要方面。在实行县域金融改革过程中,要不断加强全社会金融知识普及和诚信意识教育;不断健全金融法律制度,加大金融执法力度,努力提高金融消费者和执法者的素质,打造社会信用文化,营造良好的县域信用环境,提高县域金融市场的吸引力。

(四)落实"直管县"体制改革

所谓的"直管县"模式,就是要顺应时代潮流,将我国目前实行的"市管县"行政体制和税收体制向"省管县"转变。"市管县"模式的形成是我国城乡经济一体化和政府管理一体化两个过程同步进行的重要结果,是中国由一个典型的农业国家逐步转向一个工业国的重要标志。从1982年开始,"市管县"模式的实施对于促进县域经济的发展,发挥着诸多积极的作用,但是随着市场经济的逐步深入以及县域经济的迅猛发展,"市管县"模式的弊端越来越明显。主要表现在:一是行政层级的繁杂,降低了行政效率。在"市管县"模式中,由于行政层级较多,不可避免地导致信息传递速度降低以及信息失真风险扩大,有些地方甚至出现政策截留现象,从而使承担更多经济发展任务的县级政府权限缩小,导致责权利的全面失衡。二是市与县的权利与义务不对等,二者争利现象严重,很大程度上限制了县域的健康发展。在"市管县"模式中,"县"理所当然接受"市"的领导,于是很多"市"就顺理成章地将"县"视为自己的附属行政单位,县域经济的发展就不可避免地从属于城市经济的发展需要,"市"和"县"之间的利益冲突开始显现并加剧。三是"市管县"模式大大限制了县级政府的自主权和主动权。在"市管县"模式中,市级政府实际上大多起到上传下达的作用,决策一般由省级政府做出,执行一般由县级政府完成,如此市级政府的最大作用就体现在管理层面,由于很多市级政府对县级政府管得过多。此外,由于传统的人事提拔制度,县级干部在任时间往往不长,这无疑会影响县域经济发展政策和策略的持续性、长期性和稳定性,对县域经济的发展带来极大的负面作用。

正如马克思所说:"一切划时代的体系的真正内容都是由于产生这些体系的那个时期的需要而形成起来的。"那么,当下呼唤"省直管县"改革,也有着深刻的时代动因和现实需要,因为县域经济发展程度直接影响着我国城乡统筹发展的步伐,制约着新时期"三农"问题的解决。

1. "省直管县"模式是激发县域经济发展动力和活力的客观要求

统筹城乡发展,重点和难点在县域,特别是县域之内的农业和农村承担着重大的责任和任务,很多问题的解决很大程度上取决于县域经济发展状况。在"市管县"模式下,县级政府承担的任务过多,权力太少,使县域经济的发展困难重重。推进"省直管县"模式改革,将部分权力直接下放到县级政府,有利于改变县域经济发展的资源配置方式,有利于增强县级政府决策的自主性和主动性,有利于县域经济发展动力和活力的激发。

2. "省直管县"模式是深化行政体制改革、建立高效政府的客观要求

1982年开始执行的"市管县"模式,目的在于放权让利,加强市县联动,实现共同发展。而从当下来看,体制运行并没有很好地实现这一体制的初衷和目的,反而成为县域经济快速稳定发展的障碍。由此,"省直管县"模式就势在必行。重新界定和调整省、市、县的关系有利于减少中间层级,实现科学的扁平化管理,打造科学高效的政府组织架构,并有利于在减少管理成本的同时提高管理效能,提升社会管理和公共服务水平,为县域经济的发展打下坚实的制度基础。

3. "省直管县"模式是解决县级财政困难、维护基层和农村社会稳定的客观要求

需要特别强调的是"省直管县"改革必须同国家的农村发展政策有机地结合起来,着力推动县级官员转变政绩观,真正树立公共服务的理念,着力推进县级政府转变职能,真正科学合理地配置政府权责;同时加强监督制约制度建设,规范县级政权运行机制,这些都是"省管县"改革落到实处、收到实效的关键环节。从目前来看,全面放权的浙江模式、一步到位的海南模式、先扩权再直管的湖北模式等"省直管县"模式都取得良

好的效果,大大促进了县域经济的发展。

(五)深化市县行政体制改革

目前我国除了浙江、海南、湖北、安徽等省试点实行了"省直管县"模式外,其他大多省份依然执行着传统的"市管县"行政体制。"市管县"的实行,有其深刻的历史依据,但随着市场机制代替行政指令成为社会资源的主要配置方式,"市管县"模式运行的大环境发生了彻底变化,"市管县"模式的弊端逐步外化并直接阻碍了县域经济的健康发展,特别是改革开放以及经济全球化的深入,传统的"市管县"模式难以适应经济发展的要求,"行政区经济"就是阻碍经济进一步发展的问题。这里所指的市县行政体制改革主要指向两个维度。一是若维持当前的"市管县"格局,该如何做好市县行政体制改革,正如有学者指出"政治权力的不平等而非经济权力的不平等是造成县域经济不对等发展的根本原因",而市县体制的僵化是造成政治权力不平等的一个重要原因;二是若不继续执行现行市县行政体制,该如何做出改革。当下,若继续执行"市管县"模式,必须对市县行政体制做出适合县域经济发展要求的变革,而"扩权强县"就是不二选择。

"扩权强县"最早指在浙江试行的政府财政体制改革模式,其核心是通过扩大县级政府的权力,从而使县级政府拥有更大的自主权,为县域经济的发展和县域社会管理能力的提升奠定基础。这种做法的直接作用是将行政权直接下放,扩大县级政府对县域经济的规划、管理、指导权限,有利于减少行政层级,降低管理成本,提高管理效率,也有利于革除"市刮县"现象。目前,政府和学界均给予"扩权强县"以充分肯定,但是扩权强县不是简单地把上级政府的经济管理权限下放到下级政府,必须对经济管理权限或者经济管理审批权做出正确的评估,重在提高县级政府的公共服务职能,有利于扩大农村的消费需求。改革"市管县"推行"扩权强县",目的在于要使有限的公共资源在市县政府之间实现优化配置,促进县域经济的发展,促进"三农"问题的解决,提高县乡人民的生活水平。首先,必须强化省、市两级财政的辖区责任,在保证县级财政的前提下加强,市、县、乡财政管理体制改革,规范市、县、乡之间的财政关系,并重点发展农村社会事业和公共事业。其次,必须深化农村综合改革,切实改变县乡政府社会管理的方式与模式,使农村和基层的有限资源得到优化配置与合理利用。再次,必须强化县乡政府的公共服务职能。"扩权强县"并不是简单的权力下放,县乡政府作为基层政权组织,是公共服务的执行者和社会事务的管理者,只有履行好这两项基本职能才能更好地为县域经济发展服务。最后,"扩权强县"必须有利于拉动内需。我国是农业大国,绝大多数人口都生活在农村。但就目前来看,我国农村的消费水平仍处于较低层次,这与农民收入低、城乡居民收入差距不断扩大有着密切的关系,但其根源在于长期缺失的农村基本公共服务、落后的农村生产力严重压制了农村居民的消费欲望。当下,中国有2800多个县级行政单位,"扩权强县"的根本目的在于让各县因地制宜、因时制宜、实事求是地制定符合本县域发展的方针、政策,根据本地实际推动县域发展,推动居民生活水平与消费水平的提高,为县域经济和国民经济的再次腾飞提供强大动力。

二、推动农业现代化进程

(一)发展农业机械化

从2010年到2013年,中央一号文件均提到相同内容:要加快农业机械化进程,提高现代农业装备水平,加速农业发展方式和增长方式的转变。2014年的中央一号文件则直接指出:要加快发展现代种业和农业机械化。而要完成和达到中央一号文件的要求,唯一的路径无疑是要实现"三化",即农业生产信息化、农业生产机械化和农业技术集成化,而其中农业生产机械化又是"根本"中的核心问题。农业机械化是农业现代化的重要标志,是支撑引领传统农业向现代农业转变的主导力量。劳动工具是衡量生产力水平高低的重要标志之一。就农业而言,农业机械化是衡量农业生产力水平的重要标志以及提高农业生产力的重要举措,其具有提高农业生产综合能力和促进农村经济结构良性调整等作用,更为重要的是农业机械化能够降低农民工作强度,使他们从繁重的体力劳动中解放出来,享受到工作的乐趣,并切实改善农民的生活条件。同时它也是提高我国农业和农村经济整体水平的重要条件,对农业经济增长起着推动作用。如前所述,农业是国民经济的基础,县域经济发展过程需要解决的重大问题之一就是"三农"问题。在促进县域经济发展过程中,加快发展农业机械化,有利于"三农"问题的解决,从而为县域经济的良性发展提供动力。要在县域经济发展进程中实现农业生产的机械化,必须坚持"三三制"原则。一是不断追求"三事",不断提高劳动生产率,加大土地产出率,提升资源利用率。二是努力实现三个解放,即把农民从土地上解放出来,增加非农收入;把农业从低生产力中解放出来,不断解放和发展农村生产力;把农民从高强度的传统作业方式中解放出来,增加农民的幸福感。三是努力实现"三个促进",即促进农民大幅增收、促进农村面貌的彻底的改变、促进农业的全面发展。所以,从县域经济发展甚至是整个国民经济发展的角度来看,农业机械化无疑是关键性的一环,是现代农业发展的战略举措,更是发展县域经济的重要抓手。

由于地形地貌的限制,加之发展水平的不同,我国不同地区、不同县域的农业机械化水平参差不齐,但农业机械无疑是现代农业生产的主要装备,农业机械化无疑是提高农业生产力实现农业现代化的基本途径。而从现实来看,加快发展农业机械化,是保障粮食安全和调整农村产业结构的重要途径,是降低农业生产成本和增加农民收入的重要举措,是构建和谐社会和社会主义新农村的重要路径,是当前农村经济发展形势所赋予的使命和任务。在推进农业机械化的过程中,主要面临的问题有:农业机械化的总体水平较低、人均农机产品占有率不高、农机产品结构性过剩和有效供给不足并存、地区发展不平衡、农机产品质量有待进一步提高、农机产品科技含量低、农机化基础设施和公共服务体系建设相对滞后、农机产品的推广不足等。针对这些问题,必须有的放矢地及时加以解决,扫清农业机械化的矛盾和障碍。首先,必须将农业机械化纳入国民经济和社会发展规划,重视农业机械化在县域经济发展中的重要作用,重视农业机械化在全面建成小康社会和建设社会主义新农村中的重要地位。其次,必须给予农业机械化以资金保障,包括提高农民的购机补贴,辅以燃油补助,降低农村、农民机械化的成本,保证农业机械化配套设施的投入。再次,必须强化农业机械化的过程的安全监督和管理,提高农机的使用率并降低事故的发生率。

(二)建设农业科技园区

《关于促进农民增加收入若干政策意见》指出:"积极发挥农业科技示范场、科技园区、龙头企业和农民专业合作组织在农业科技推广中的作用。"

所谓农业科技园区,就是在划定的一定地域内,修建农业设施工程,专门集中开发农业新品种,引进和研发农业高新科技,并在此基础上构建融农业生产、加工、示范等多种功能为集合的农业组织形式。它的最大特点是集约化生产和企业管理模式。

在发展县域经济过程中,加快农业科技园区的建设,是贯彻落实中共中央、国务院《关于促进农民增加收入若干政策意见》的需要,是建立农业科技创新体制的迫切需要。另外,加快农业科技园区的建设,有利于增加农民收入,有利于改善农业产品结构,更有利于提高农产品的科技含量。农业科技园区的一个重要使命是向农民推介农业新技术,促进农业技术转化,进而带动农民增加收入。农民是农业生产的主体,同时也是农业新技术的应用和推广主体。农民对农业新技术的认可和推广主要取决于该技术能否为其带来可观的经济效益。因此,农业科技园区的建设必须符合因地制宜、农民认可、市场导向、特色突出的原则。但在当前农业科技园建设过程中,或者是在已经建成的农业科技园运营过程中,却凸显出诸多的问题。一是缺乏特色。很多地区的农业科技园区的建设,仅仅是为了完成一项任务,或者是盲目效仿,农业科技园的建设没有符合因地制宜、特色突出的原则,结果导致与当地的农业生产和发展严重脱节。二是规划不合理。主要体现在重复建设严重、偏重旅游或者观光价值,而忽视农业科技园区的本位价值,存在"名气大、作用小"的问题。三是技术、设备引进存在问题。许多农业科技园的建设都采购国内外最高新的技术设备,大大超出当地农业生产和加工的现有条件,与农民的现实需求脱节,结果导致设备成为摆设。四是科技创新能力低下。表现在自身创新能力不足,对新技术难以消化、吸收和推广。五是重建设、轻管理。很多农业科技园的建设,开始都是资金投入大、宣传力度大、建设规模大、在外名声大,但对园区的管理相对滞后。

　　针对上述问题,必须对症下药,找到农业科技园的科学发展思路和对策,这样才可以让农业科技园区在县域经济发展过程中发挥真正的作用和功能。第一,农业科技园的建设要定位准确、特色突出。园区的建设要充分考虑和结合当地环境资源和农业、农民发展需要。寿光蔬菜高科技示范园无疑是此方面的成功范例,被称为农业"大观园"与科技"大硅谷",成功发展成为特色突出的 AAAA 级观光景区,为当地农民的增收和县域经济的发展做出突出贡献。第二,农业科技园区的建设要突出实用性,不能将美观和观赏性摆在农业科技园本位价值之上。河北省保定昌利的科技园区即是体现观赏和实用并重的典范,发挥着农业试验、园区示范和科技推广的积极作用,又是观光旅游的好去处。第三,农业科技园区的建设,要突出科学技术的优先性。"科学技术是第一生产力",科技要素的合理配置是提高生产效率的基本要求,是提高农业科技园区效用的根本途径。在我国农业发展进程中,科技资源相对稀缺,而农业科技园建设本身就蕴含了研发和引进高新技术之义。革命老区四川省苍溪县的"梨博园"以当地特产雪梨为依托,集雪梨新品种研发、成品改进和研制为一体,产品多数销往欧美,显示了科学技术在农业生产中的积极作用。第四,农业科技园区的建设,必须做到体制配套。在农业科技园的建设和管理过程中必须坚持"政府引导、企业运行、中介参与、农民受益"的原则,政府在资金和政策上给予农业科技园大力支持,但不能"大包大揽"。此外,政府的支持还要体现在投资环境的改善、舆论的引导等方面,让农业科技园成为实际的运作主体。第五,农业科技园的建设要重视人才培养。农业科技园区建设成效如何,关键在于是否拥有大批人才并有效发挥人才的作用,实现其价值。由此,必须大力引进和培养园区专业技术人才,与科研院所、大专院校合作,加强产学研结合,加强对农牧民的技术培训,让农牧民享受到科学技术成果。第六,农业科技园的建设要凸显其示范作用,包括科技示范、收益示范、管理示范等,使其在县域经济发展过程中发挥引领作用,形成新的"增长极"。

（三）加快农业产业化发展

"农业产业化"是山东省于1993年在总结农业和农村发展经验时,作为一种新的农业发展战略和发展对策而首先提出的。1996年前后,我国学界的相关经济学家、农业专家展开了一场关于"农业产业化"的大讨论。此后,我国农业产业化经历了一个快速发展时期,留下了丰富的经验。谭静将其总结为转动在龙头、成龙在服务、突出在主体、保障在基地、搞活在流通、稳定在机制,笔者在谭静总结的基础上加上一个"发展在科技"。

但在达成一定共识、取得一定成效的同时,也有很多关键问题需要进一步探讨和解决。一是是否统一按产业化组织发展农业的问题。实践证明,农业产业化是市场经济的产物,是目前促进农业整体进步的最优方案。所以必须统一思想,充分认识农业产业化的必然性和重要性,积极推进农业产业化进程。二是是否该用股份制加速农业产业化的问题。在国有企业改革过程中引进股份制,能给企业带来新的生机和活力,而推行农业产业化其本身就具有充分运用股份制的优势,但目前并没有在农业产业化进程中充分运用。三是政策、法规配套问题。农业产业化的推行,政府部门必须出台相关政策法规加以保障。在县域经济发展过程中,各地政府对农业产业化越来越重视,也出台了一系列政策、法规,但这远远不能满足农业产业化的发展。当然,除了以上的问题,还有很多其他矛盾存在。农业产业化既是今后我国农业改革的方向,又是农业发展的方向,是增加农产品供给和提高农民收入的有效途径。如果说正像陈吉元先生在1996年时指出的那样,农业产业化是农村经济发展与市场经济突进之间的张力"逼"出来的,那么在当下,农业产业化已经是一种崭新的农业生产经营运作方式。笔者认为,农业产业化可以从质、量两个方面进行界定。首先从量上来看,生产的规模要"大",产品的数量要"多";其次是从质上看,产品的质量要高,总体的效益要好。

从已经运作多年的农业产业化效果来看,农业产业化对于县域经济的总体进步以及解决县域的发展问题起到举足轻重的作用。首先,农业产业化有利于缓解农村剩余劳动力的转移问题,农村聚集着大量的剩余劳动力,且都困在有限的耕地上,大大影响了农业劳动生产率的提高和农民的增收,相比较庞大的农村剩余劳动力"堆积"在有限的耕地上,农业产业化的发展,一方面大大影响了农业劳动生产率的提高和农民的增收,另一方面吸收了大量的劳动力,农业产业化可以就近将剩余劳动力从耕地劳作中转移出去,农民在农忙时是传统农民,在农闲时成为"工人",在耕地较少的地区,部分农民甚至成为固定的"工人",这大大增加了农民的收入。其次,农业产业化有利于缓解农业小生产和经济大市场之间的矛盾。农村的家庭联产承包责任制改革,大大提高了农民的生产积极性,提高了农村劳动生产率,但"单干"也不可避免地存在其弊端,特别是整个市场经济大潮澎湃之时,农业生产的无组织性、无计划性、无规模性等问题突出,阻碍了农村经济的进一步发展。随着改革的深化,传统农业逐步向现代农业转变,自给自足的农村经济向商品经济转变,各地市场发育程度不同,农户面临的市场不同,具体需要也不同,实施产业化的突破口和切入点也不相同。有的地方、有的产品急需解决运销问题,有的地方、有的产品迫切需要组织加工和运销。在此情况之下,单独的农户不能规避市场经济的风险性。农业产业化有助于缓解农业小生产与市场经济之间的矛盾,引导农民进入市场,增强竞争意识,更有助于整个农业的稳步前进。最后,农业产业化有利于提高农业生产的总体效益。从农村经济发展整体过程来看,农民的生产积极性直接影响农业生产效率以及总体生产效益,而高的农业生产效益又会直接增加农民收入、提高农民生产积极性。而就当下现实而言,农业经济整体效益不高,这在一定程度上会影响农民的生产积极性,同时制约着我国农业的进一步发展,成为当前制约农业发展的深层次矛盾。农业产业化有助于调整农村产业结构,并将农业生产延伸到第二、第三产业,最大限度地挖掘农业发展潜力,增加农产品附加值。

要想进一步促进农业产业化发展,就要做到以下几个方面:加快发展有竞争优势和带动力强的龙头企业、大力提高农业生产的组织化程度、加大农业科技创新和技术推广的力度、加强农产品质量安全管理工作。具体到县域经济上来看,合理选择县域发展的优势产业是促进农业产业化经营的关键。因为选择县域优势产业作为农业产业化的突破口,有利于县域经济优势产业的持续发展,对启动农村市场、扩大内需都至关重要。

(四)农业产业合作化组织建设

党的十六届五中全会明确指出:"鼓励和引导农民发展各类专业合作经济组织,提高农业的组织化程度。""农业产业合作化组织"概念提出之后,人们普遍认为中国农业迎来了"第三次革命"。从解放初的"耕者有其田"到改革开放初的家庭联产承包制,再到新型农业产业合作化组织的建设与推广,这三次"农业革命"是农村、农业自身发展的过程,也是农村、农业对自身发展过程的不断超越。

从2005年至今,新型农业合作化组织建设不断取得突破,但当前新型农业合作化组织建设也存在几个方面的问题:一是主体地位有待明确。农民的顺从性人格和长期计划经济的桎梏,使广大农户很难认识和充分利用自身的主人地位。此外,30多年的家庭联产承包制下的"自主经营",也使农户缺乏合作意识。二是缺乏相应的专业人才。从国内外新型农业合作化组织的成功范例来看,具有合作和奉献精神的领导者、管理者和技术人才是企业成功的先决条件之一。但是在目前的新型农业合作化组织中,普遍缺乏经营能手。由于专业知识、技术和能力的缺乏,很多新型农业合作化组织的带头人往往在开始能做出成就,但后劲往往不足。三是管理制度和机制有待完善。从管理学角度来看,完善的制度是一个组织取得成功并良好运营的保证。在新型农业合作化组织建设过程中,很多组织缺乏科学的管理制度和监督制度,表面上机构设置完备,但在具体运作过程中权责不清、缺乏民主、管理混乱。四是竞争能力有待提高。新型农业合作化组织发展时间不长,处于上升阶段,加之农业、农民本身就处于弱势地位,在市场经济中的竞争力相对较小。随着市场经济的高速发展和科学技术水平的日新月异,农产品要进入国内外市场会愈加艰难,在严峻的形势下,如何提高新型农业合作化组织的效益和竞争力,是新型农业合作化组织生存和发展的关键所在。

在今后新型农业合作化组织建设过程中,应该着力在以下几个方面下功夫:给予新型农业合作化组织明确的法律地位;各级政府要大力支持、扶持新型农业合作化组织的成长;因地制宜,发展形式多样的新型农业合作化组织;积极学习和借鉴国外发展农业合作社的经验,做到"洋为中用"。

三、加快新型城镇化建设,推动城乡一体化发展

"新型城镇化"是在城镇化的基础上、伴随着新型工业化而提出来的,其首次正式地被提出是在2012年的经济工作会议上,会议指出,"把生态文明理念和原则全面融入城镇化全过程,走集约、智能、绿色、低碳的新型城镇化道路",同时,该概念也是基于当下城镇化的发展取得一定成果,但又存在一些问题而出现,对于当下城镇化的发展具有重要的理论和现实指导作用。新型城镇化区别于重视人口数量、土地等方面城镇化的传统城镇化,涉及民生、可持续和质量三个方面,以平等城镇化、幸福城镇化、转型城镇化、绿色城镇化、健康城镇化、集约城镇化为核心目标,重点而全面地推进区域统筹与协调一、稳步实现产业升级与低碳转型、大力坚持生态文明和集约高效、努力尝试制度改革和体制创新。概言之,新型城镇化的过程是各种因素作用的过程,也是创新、协调、绿色、开放和共享的综合发展过程。

(一)树立"新型"理念

立足于新时期的发展形势,新型城镇化顺应了历史发展潮流和趋势,对县域经济的发展具有重要的作用,但当下在城镇化中还存在一系列的问题,这就要求树立新型城镇化的观念,改变传统落后的思想观念,充分发挥城镇化的重要作用。

新型城镇化建设拉动了县域的消费增长,成为经济增长的"马车"。我国是一个传统文化影响深远的国家,很多人坚守着勤俭节约的传统理念,这从道德层面而言是美德,但是对于消费和经济增长而言往往起着一定的限制作用。县域农村人口众多,收入水平较低加之传统观念的影响,诸多县域消费水平严重低于全国平均水平,通过城镇化建设,经济发展步伐加快,农民收入水平也逐步提高,人们的消费观念和消费水平也必然发生改变和提高,这无形中必然拉动经济增长。

　　新型城镇化建设提高了县域的投资增长,创设良好的发展环境。在我国大多县域经济发展过程中,资金往往是限制其发展的瓶颈,在新型城镇化的建设中,产业结构调整等的推动,带来了数额较大的投资,这不仅可以解决当下存在的紧迫问题,更为后期的县域经济发展打下良好的资金基础,而且某种程度可以拉动县域的投资增长,弥补县域经济发展资金不足的问题,而且部分投资增长为这些县域经济的发展提供了先决条件。同时,据有关部门统计和学者研究,城镇化进程中投资增长主要集中于基础设施建设和住房建设,而这正好是新型城镇化进路中必须首先解决的两个问题。

　　新型城镇化建设可以促进产业升级、优化产业结构。城镇化就是农村人口向城市、城镇转移的过程。由于产业是人的产业,随着人口在城镇化过程中的转移,农业、工业和第三产业的结构就会自动发生调整,从历史经验来看,这种调整必然会提高居民的收入。这不仅指向转移到城镇中的居民,而且指向继续留守在农村土地上的居民。农村人口转移到城镇,会增加对农产品的需求,这部分居民从产销农产品向购买、消费农产品转变,这就要求增加农产品的供给,无形中推动了农业的发展,提升农民的收入水平。从另一个角度而言,农民随着城镇化过程转移到城镇、城市,无疑也会增加对住宅和基础设施的需求,这就会推动整个第二产业在县域经济中的发展,提高第二产业在整个县域经济中的比重。随着第一、第二产业的发展,城镇居民会自然增加对第三产业的需求。归结起来,城镇化的过程就自然而然完成了对产业结构的优化与调整。而如前所述,第三产业的发展能够给居民带来更多的就业机会,这又反过来加速农村人口向城镇转移,如此就形成一种良性循环,最终推动整个县域经济甚至国民经济发展。所以,很多学者将"城镇化"看作是县域经济发展的基本路径。根据凯恩斯提出的乘数理论,每一次消费都会带来大于消费自身量的国民收入,城镇化本身就是一个消费过程,也是经济快速增长的过程。

　　在认识到新型城镇化的重要作用的基础上,我们同时需要破除对城镇化的陈旧乃至错误的认识。城镇化不是简单地将农村变为城市,将农民转变为市民的过程,而是政治民主、经济富强、文化繁荣、社会和谐、生态持续等方面的全面协调过程,也是人与自然、人与社会和谐发展的过程,必须坚持循序渐进的原则。从已经发生的情况来看,很多地方将"城镇化"粗暴而简单地理解为城市化,而且将其错误理解为"房地产化",从表层来看,"房地产化"是城镇化过程中必然的现象,但若仅仅是"房地产化",就会导致房产、住宅价格的虚高,这进一步伤害农民。世代生存在土地上的农民要完全适应城市化、转变自身的身份,需要一个漫长的心理调适与适应过程,此外,从很多地方查处的案件分析,若将城市化简单理解为"房地产化",无疑会为权力寻租提供更多的机会,这对本已受到伤害的农民和居民而言,就是雪上加霜。新型城镇化是建立在科学发展的基础上,在量的基础上,强调质的提高,重视循序渐进和综合发展,包含体制机制的完善、软实力的提高、资源的合理开发利用、农业现代化的发展等,同时,县域经济发展过程中的城镇化必须坚持循序渐进原则,走集市—中心聚集—城镇化的路径,在城镇化推进的同时,实现县域经济在规模和速度上的发展,这两者互动发展,互为补充。

(二)转变政府职能

"以人为本"作为科学发展观的核心和本质,也是新发展理念的内涵内容,科学地回答了为谁发展、靠谁发展、发展成果由谁享用等这些发展中的基本问题,特色鲜明、立场坚定地表达了发展为了人民、发展依靠人民、发展成果由人民共享的人本思想。在县域经济发展过程中,推进新型城镇化建设,必须坚持以人为本的理念,推进新型城镇化建设是为了人民的初衷和目的,以最广大人民群众的根本利益为根本着眼点和落脚点;明确新型城镇化建设要依靠人民的观念,以激发最广大人民群众的主体创造性为基本;落实新型城镇化建设的成果要与最广大人民群众共享观念,实现以共同富裕和促进人的全面发展为根本目标。在推进新型城镇化建设过程中,每一步、每一个举措、每一个成果都要依靠人并通过人来实现。建设由人来实现,建设的结果也必须由人来共享。新型城镇化建设必须以人为主体,以人为目的、手段、动力,最后以人为归宿。

党和国家在新的历史时期做出大力推进新型城镇化建设的战略部

署,本身就具有重大的现实意义。推行新型城镇化建设,刺激内需并提高居民消费总水平,有利于促进第三产业的发展并有效提高社会服务质量,拓展就业空间,转移农村剩余劳动力,搞好城镇建设并着力改善民生,但纵观目前我国城镇化进程,总体水平依然较低,大多数人依然生活与居住在农村,这跟我国县域经济发展相对滞后有直接的关系。

在推进新型城镇化的过程中,人是根本,一切工作必须围绕民生展开。新型城镇化的核心是人的城镇化,重点解决农业转移人口的"半城镇化"问题。这一次推进新型城镇化的重要特点是强调人的城镇化,对于当前中国的城镇化来说就是农民工的市民化。新城镇化建设对我国县域经济发展具有重要作用。这也要求发展县域经济,推进城镇化还需要妥善转变政府角色,由过去政府全面主导向有限政府主导过渡,通过有限利用政策和制度手段的确可以推进城镇化建设,但要客观科学地看待政府的行政作用,将其作用限制在最佳的区间范围与程度之内,尤其要推动城市管理程序的合理化,尽可能少用行政手段干涉城镇化的演进与发展,从而较好平衡城乡经济发展、统筹城乡建设。这要求政府必须为了适应新形势而创新人口管理的基本模式,切实开展户籍制度改革,以期达到人口的自由、合理流动。对于政府而言就要转变以往的思想观念,从大包大揽到彻底放权,一定要遵循市场经济的规律,尊重市场经济本身,让市场在资源配置中发挥基础性的作用。

人民群众在追求自身物质、精神及其他的利益的同时,自觉推动着县域经济的发展。作为政府而言,最为重要的、核心的工作就在于给人民提供一个公平、公正、法治的创造历史的环境。

(三)推动城乡一体化

城乡一体化是对城乡分治、城乡发展不平衡的回应,也是当下新发展理念的具体呼声,是指在生产力得到进一步发展,城市化水平不断提高的背景下,强调通过城乡的利益关系、收入分配等方面的调整,打破城乡二元结构的痼疾,实现城乡要素的流动,逐步缩小城乡的巨大差距的过程。城乡一体化是实现城镇化的重要对策,是农业产业化的重要保证,也是农业现代化的重要内容,可以充分发挥各种因素推动县城经济的发展。

　　县域经济发展与城乡一体化两者之间存在相辅相成的辩证关系,一方面,县域经济的发展为城乡一体化提供了良好的经济环境和经济基础;另一方面,城乡一体化进程的加速也必然会为县域经济的进一步发展提供新的发展动力。城乡发展的一体化也是最终解决"三农"问题的根本良方,因而可以将城乡一体化的成熟程度作为县域经济发展的基本判断指标。而建成新型乡村、新型城镇,两者你中有我,我中有你,这个是县域经济发展的特色之处,这就要求在发展县域经济的过程中要处理好城镇经济和乡村经济发展之间的关系。在县域经济发展的过程中,城镇经济和乡村经济虽然是一个整体,二者相辅相成,但是城镇经济和乡村经济在对整个县域经济发展过程中所起到的作用是完全不一样的。县域经济主要的作用在于不断吸收大中城市的"辐射",积极调整产业结构,以发挥城镇经济在整个县域经济中的龙头作用。乡村经济的作用却在于不断接受城镇经济对于自身的辐射和引领,根据自身优势不断取得发展和进步,为县域经济的发展提供坚实的基础和经济支撑。虽然我们强调城乡一体化,但在正确处理城镇经济和乡村经济的过程中,还是要区别对待二者。城镇经济往往联结着县域和乡村,是县域和乡村的结合部和交汇点,所以,必须首先抓好城镇经济,以城镇带动乡村的发展,联结城市和农村,缩小城乡之间的差距。

　　城乡一体化是随着生产力的发展而促进城乡居民生产方式、生活方式和居住方式变化的过程,使城乡人口、技术、资本、资源等要素相互融合、互为资源、互为市场、互相服务,逐步达到城乡之间在经济、社会、文化、生态、空间、政策(制度)上协调发展的过程。城乡一体化,是一项重大而深刻的社会变革。不仅是思想观念的更新,也是政策措施的变化;不仅是发展思路和增长方式的转变,也是产业布局和利益关系的调整;不仅是体制和机制的创新,也是领导方式和工作方法的改进。从概念的界定上我们不难看出,城乡一体化的实现需要靠全方位、多主体的共同努力,而县域经济的发展应该是实现城乡一体化进程中的重要一环。确立了基本发展目标,我们必然会在发展县域经济的过程中注意城乡一体化的差别问题,县域经济的发展在平衡城乡发展、促进新农村建设当中应当起到很好的杠杆作用。城乡一体化是县域经济发展过程中必须面对的问题,但是绝不能急于求成,必须尊重社会发展规律,于此,在城乡一体化建设过程中,还需注意以下两个方面的问题。

1.城乡一体化并非城乡一致化、一元化

城乡一体化也并非简单的消灭乡村,而是需要在小城镇建设的基础上,坚持新农村建设,新城镇和新农村建设两者并举。从县域经济发展的过程来看,城市化建设的确具备较大的同化力和融合力,但不能因此就忽略农村存在的价值和功能,而需要通过农业产业化进程的推进增强农村的魅力和吸引力,使中国乡村呈现现代化的发展姿态,实现农村和城市的协调发展,同时重视利用城市的先发优势带动农村的发展,实现农村的现代化发展。

2.必须解决好城乡一体化过程中的"身份认同"问题

这种身份认同主要包括两个重要方面,一是农民对自身身份转化的认同,二是城镇居民对农民的社会认同,否则必然会带来群体之间的"羞辱"和认识偏差。要做好这一工作,政府和社会就必须要为城镇居民和乡村居民发展提供统一的制度和服务。比如建立城乡统一的劳动力市场,从县域经济的整体出发统筹劳动力的就业问题。建立城乡统一的科教文卫发展制度,为城乡居民提供相同的科教文卫服务。逐步取消城乡二元户籍制度,构建城乡统一或者至少是城乡可衔接的社会保障系统,为城乡居民提供可行的、可靠的、放心的社会保障。

四、优化产业结构、发展民营经济和特色产业

(一)助推工业化发展

工业化是现代化建设不可逾越的阶段,加快工业化发展是全面建成小康社会的重要支撑和要求,而就我国工业化发展的现实情况看来,虽然近些年工业已经有了突飞猛进的发展,但实现工业化的长远目标,仍然是我国县域经济发展进程中最艰巨的任务。工业作为县域经济的主体,是立县之本、富县之策、强县之路,也可以说,是推动县域经济发展的"第一引擎"。针对推动工业化发展,各县域应当结合本地实际,加快结

构调整、制度创新,逐步建立起以高新产业为先导,优势产业、特色产业全面发展的县域工业。

1. 县域经济发展进程中的工业化,必须凸显当下全球新型工业化的特点

总结历史发展教训,促进工业化、信息化和绿色化的有机结合。具体来说,包括三个方面:其一,将高科技与县域经济发展紧密结合,实现科技到效益的转化;增加产品的科技含量,将社会效益、经济效益、生态效益都纳入县域经济发展的基本目标。纵观西方发达国家县域经济发展的基本历程,它们在追求工业化的道路上,都走过了一个相当长的以消耗能源、牺牲环境为代价的阶段,可以说,西方发达国家县域经济的发展都曾走过"先发展、后治理"的路子,虽然取得了不菲的成绩,但也付出极大的代价。所以,我们在工业化的过程必须以史为鉴、以西方为鉴,我们的工业化必须将生态建设与环境保护结合起来,正确处理好经济发展特别是工业增长与资源、人口、环境之间的关系,坚持科学可持续的发展。注重以科技进步和提高劳动者素质来促进经济增长,摒弃传统的"高投入、高消耗、高污染"的生产模式,实现工业健康持久的发展。但也要特别注意不能搞环境至上主义。其二,必须合理考虑自然资源的耗费、生态环境的承载力。长期以来,人们在发展县域经济的时候都以经济效益作为衡量的唯一标准。从"两手抓、两手都要硬",到"三个文明"建设,再到"五位一体"的文明建设可以看出,生态文明必然要成为县域经济衡量的重要标准。发展县域经济必须摒弃人类中心主义的观念,必须在尊重经济规律、生态规律、社会规律的基础上发展县域经济,坚持可持续发展的战略。实施可持续发展战略,促进人与自然的和谐,实现经济发展和人口、资源、环境相协调,坚持生产发展、生活富裕、生态良好的文明发展道路,这既是全面建成小康社会的必然要求,也是贯彻落实科学发展观的重要实践。既然实施可持续发展是全面建设社会主义现代化国家、落实科学发展观的必然要求,也是发展县域经济的必然选择。特别是在党的十八大以来,生态文明已经成为中国特色社会主义的重要标志之一。在如此大背景之下发展县域经济,就必须将"绿色经济""低碳经济"以及

"循环经济"等与县域经济紧密联系起来。对县域经济内各种发展经济的要素有着充分的客观认识,这些要素包括自然资源、人力资源、科技发展程度、产业结构,等等。在认识并利用这些要素和资源发展县域经济的过程中,必须清楚认识到县域经济为什么发展、为谁发展的问题,坚持以人为本的原则发展县域经济。在马克思历史唯物主义场域中,社会存在决定社会意识,社会存在主要包括物质资料生产方式、人口、地理环境等因素。在县域经济发展进程中,必须首先考虑自然环境的承受能力,学会尊重自然,与自然和谐共处,既要追求经济效益,也要追求生态效益,做到经济、社会、生态三者兼顾、协调、统一,只有这样才能使县域经济的各个方面步入健康快速的发展轨道,实现县域经济的腾飞。其三,坚持实施工业强县与可持续发展两大战略。新型工业化是顺应经济全球化、贸易自由化潮流而产生的,以智力投入为主,以信息化带动、可持续发展的工业化。从新型工业化的特征就可以看出今后县域经济发展的方向,其中新兴科学技术必须成为新型工业化的发展动力,坚持经济、社会和生态效益相结合应成为新型工业化坚持的基本原则,信息化将成为新型工业化的基本标志。对于中国县域经济发展而言,人力资源的开发和剩余劳动力的转移是新型工业化的关键。新型工业化之所以"新",根源在于坚持了不同于传统工业化的可持续发展观念。传统工业的发展,大多是以耗费资源为特征的粗放型发展,这在经济上和资源上都是不可能持续的。这就要求大力推进产业结构的优化升级,提高产业集中度,改造提升传统工业,坚持优势产业优先发展。调整产品结构,延伸产业链条,做大做强农副产品加工业。调整技术结构,提高产业水平,坚持技术创新与管理创新相结合,发展高新技术与改造传统产业相结合,自主开发与"产、学、研"合作相结合,不断提高企业科技含量,根治企业对环境的污染,走新型工业化道路,因地制宜地结合不同地区县域经济发展的具体现实水平,建设一批高科技武装的制造业基地,改变以往只输出、不加工的传统局面,提高产品的附加值,力争形成能凸显本地区特色的新能源、新技术产业。有实力、有条件的地区还可以培养一批企业甚至企业集团,并将其推向市场。此外还要引进一些较高知名度的大型企业注资,重点发展能耗低、污染少的电子、信息工业,材料单晶硅的开发工业,通信设备制造工业,建筑业等,分阶梯推进新型工业化道路进程。

2.县域经济发展过程中的工业化,要将民众就业和农村剩余劳动力的转移放在中心位置

坚持以工促农、以城带乡,将农业现代化、城镇化和工业化有机结合,并在工业化的勾连下实现工业化、信息化、城镇化、农业现代化和绿色化有机融合,实现县域经济的协调发展,让人民群众充分享受到县域经济发展的成果,实现共同富裕。一方面,在县域经济发展的过程中必须坚持实事求是、因地制宜的原则,用新型工业化的理念加快城镇化速度,统筹城乡合理布局,优化增量提升存量,重组城乡资本,提高总体效益,实行城镇建设与经营的市场化,着力提高全县工业在现代化建设中的主导作用。用新型工业化的思维进行农业产业化建设,各农业部门应充分利用本县农业资源的优势,发展龙头企业,繁荣农村经济,增加农民收入。在条件许可的情况下,仍需不断推进农村工业化的进程,因为只有农村工业化才能真正提升农村的"造血能力"和发展能力,也只有通过农村的工业化才可能实现农业、农村的现代化,推进城镇化建设。另一方面,以创造就业岗位为标准,大力发展第三产业。随着县域经济的快速发展,第三产业越来越承载更多的就业任务。第三产业虽然大多不创造有形的产品,但由于产业自身特征,却具有潜力大、效益好的优势,在抓好农业和工业的同时,在发展县域经济的过程中应花大力气做好第三产业,为县域经济的发展注入更多的活力。例如,各县域可以依托自身的地理优势、环境优势,大力发展旅游经济,发展接待、旅游、食宿一条龙服务,加快第三产业多元化发展进程。当然,第三产业的发展,必须要求有配套的社会保障服务。唯有如此,才可能给人民提供良好、方便而有效的社会保障服务。

(二)推动县域服务业

2012年,国家重新调整了第三产业的范围,第三产业即服务业,是指除了第一、第二产业以外的其他所有产业。加快县域服务业发展,既有利于增加就业岗位,推进城镇化进程,也有利于转变县域经济发展方式,

优化产业结构。可以说,发展县域服务业是提升县域竞争力的必要选择。推动中国县域服务业发展,可以从以下方面着手。

1. 调整县域服务业结构,加快构建现代服务业体系

一方面,重点发展现代服务业。以工业化和信息化为平台,以发展技术含量高、附加值高的现代信息技术服务业为目标,以文化传媒、现代物流、绿色旅游等行业为重点,构建彰显时代特征、体现社会需要、满足人民需要的现代服务业体系,进而带动县域服务业整体水平的提升。另一方面,改造提升传统服务业。各县域结合本地实际情况,在巩固自身传统服务业规模优势的基础上,以管控规模和提升质量为目标,积极创新经营方式,淘汰落后的服务行业,加大对交通运输、住宿餐饮等传统服务业的升级换代,提升服务质量和效益。

2. 大力发展县域民营服务业,形成和谐有序的竞争格局

第一,深化服务业管理体制改革,清除民营资本在县域服务行业的体制机制障碍,进一步放宽民营经济进入县域服务业的准入门槛。第二,鼓励民间资本、外国资本投入服务业,大力发展非公有制服务企业,逐步打破包括金融保险、城市公共服务事业等服务领域的垄断经营局面,建立公开、平等、规范的县域服务业市场。第三,依托县镇或中心镇发展服务业。虽然目前县域服务业和大中城市相比还有很大的差距,但总体来说,县域服务业有其发展基础。考虑到县域间的资源禀赋、经济基础、产业定位等各不相同,当前县域服务业发展应当以县镇或中心镇为依托,结合本地区工农业发展的实际情况,有所侧重地发展相关服务行业。加快农村第三产业向小城镇的集中和集聚,结合本地城镇化的进程,因地制宜、循序渐进地实现农村人口集聚,逐步完成县域城乡发展规划,进而拉动第三产业和小城镇间的良性发展。

(三)壮大民营经济

从狭义上看,民营经济包括私营经济和个体经济,从广义上看,民营经济包括个体经济、私营经济、外资经济、乡镇企业、民营科技企业、国家民营企业等,作为当下国民经济的重要组成部分,是国民经济中最为活跃、最具有竞争力和稳定性的新增长点,具有个体规模小、经营机制灵

活、创新能力强等特点,在县域中由于县域相对分散、交通不便等特点,充分发展民营经济,尤其是民营经济中外资经济的发展,直接有利于县域经济打破传统,走向开放,对县域经济的发展具有重大的作用和价值。

民营经济也是县域经济引进外资和技术,推进产业结构调整和制度创新的重要途径,它的发展无疑增强了县域经济的市场竞争力。从当下全国县域经济发展较好的省市和地区来看,大多是民营企业充当了经济发展的主力军,民营经济在整个县域经济发展中起到了中流砥柱的作用,在一定程度上来说,民营经济已经成为县域经济发展过程中最具有活力和生机的力量。为了适应市场化的发展,民营经济一方面通过县域国有、集体企业的改制改组,借鉴效益良好企业发展的国内外经验,逐步建立现代企业制度,引进了先进的管理手段和方法,形成了适应社会主义市场经济的体制与机制,这将使其在县域经济未来的发展过程中发挥更为显著的作用。另一方面,县域经济在发展过程中,推进民营经济发展的一种重要途径就是通过招商引资,这一途径是县域经济发展开放型经济的重要举措,但县域经济本身存在一定的缺陷,这就需要集聚政府、企业和社会的力量,以企业为招商主体,发挥政府和社会在这方面的积极性,拓宽招商引资的渠道,多形式、多层次地推进招商引资工作,以内外合作以促进县域经济积极发展。此外,在经济发展逐渐减速,更加强调结构的完善和质量提高的背景下,当下发展县域的民营经济也必须关注以下几个新转变:一是从数量扩张向注重质量提高转变;二是从粗放型增长向注重可持续发展转变;三是从"小面全"单干向更加注重协作配合转变;四是从单纯追求经济效益向更加注重提高经济效益与履行社会责任、追求社会效益相结合转变。如此,发展民营经济,促进内外合作的同时,要加强县域经济本身建设,具体来说,如下:

1.加强制度建设

随着市场经济体制的确立和县域经济发展的深入,民营企业必须要紧跟时代和潮流,必须顺应市场去建立现代企业制度,以现代的、职业的管理经验和制度对民营企业加强管理,以规范民营企业的成立、运作等环节,避免民营企业发展的自发性和盲目性,如此可以避免民营企业在市场经济中可能遇到的风险,更有利于规范化发展。此外,现代企业特别是国外大型企业都有着鲜明的企业文化,这也是民营企业发展过程中必须努力的方向,要利用制度去打造企业文化,提升民营企业的精神风貌,这不仅有利于企业的发展、宣传,也有利于扩大县域经济的影响力。

2. 提高人才素质和能力

这里所说的人才,可以指向民营企业经营者、也可以指向民营企业的工作者。民营企业要想更好更快地发展,必须得拥有素质过硬、能力够强的决策者、管理者。道理很简单,企业是人的企业,人是任何企业的第一要素。素质过硬、能力够强的管理者、经营者、决策者对于民营企业的命运至关重要。所以,民营企业绝不能只顾眼前利益,必须加大人才引进和储备,这种人才引进和储备不仅包括管理者、决策者,也包括普通的员工。

3. 营造创办民营企业的良好社会氛围

大力宣传,营造创办民营企业的良好社会氛围是民营企业发展的必要条件。要充分利用新闻媒体、网络、刊物等,以"创办小企业,开发新岗位,以创业促就业"为主题,宣传创业政策,介绍百姓创业的成功案例,转变创业意识,增强创业信心。要通过座谈会、访谈、咨询、网络在线服务等形式多样的活动,普及创业知识,介绍国内外的创业理念和创业方法,为民营经济创业者答疑解惑,弘扬创业精神,宣传正确的创业观、就业观。要加强调查研究,走进农村,走进校园,走进社区,及时吸收总结创办民营经济和中小企业的国内外先进经验,在面上广泛推广,促进工作交流,推动民营企业的遍地开花。

4. 建立健全相关服务与保障系统

政府有关部门要加快职能转变,加强公共服务职能,努力为中小企业创业提供信息咨询、项目选择、企业诊断、人才培训、融资担保等一系列的服务。要按照"政府扶持中介、中介服务企业"的原则,加快建设一批中小企业创业服务机构,力争每个县都要建成一个中小企业创业服务机构,使每一个创业者都能在最短的时间、最近的距离得到最优质的服务。各级政府要在机构设置、人员编制、办公经费、办公场地等方面支持中小企业创业服务机构开展工作,提高其服务能力和服务手段。各级中小企业创业服务机构要加强人员培训,提高人员素质,尽快提升服务质量。

5. 政府要加强指导与规划

作为县域经济发展的地方管理部门,是对本地区县域经济发展各种因素了解最清楚的部门,这些部门必须充分发挥政府的宏观指导职能,要当好县域经济发展过程中的裁判员、指导员、服务员。具体说来,在县域经济发展过程中,政府应该高屋建瓴地收集、发布各种对于企业有利的信息,以防止民营企业的重复建设和重复发展。同时,要给予企业以宏观指导和管理,引导企业在法律许可的范围内经营,并履行相关义务。

概而言之,由于历史和现实原因,县域经济和民营经济具有一定的契合度,县域经济的发展离不开民营经济的协助,民营经济在县域中能够很好地发挥自身的优势,再者,县域经济中国有经济等经济成分所占比重可谓少之又少,有些地区基本上为空白,民营经济的发展壮大刚好填补了这样的空白,并且越发成为支撑县域经济的中流砥柱,同时在新农村的建设中,民营经济发展较快的市、县,形成了以工补农、以工促农、以城带村、建设新农村的新格局,有力地促进了县域经济的创新型和开放性发展。

(四)打造特色品牌

县域经济经过三十多年的快速发展,取得了巨大的成就。在发展过程中,地方政府逐步认识到特色品牌是区域经济竞争的核心,特色品牌必须突出地方特色,在"特色"的基础上强化品牌建设,是发展县域经济的重要手段。实践证明,在市场经济条件下县域经济发展的生命力在于特色,有特色才有优势,有特色才有市场,有特色才有竞争力。特色品牌是县域经济核心竞争力的体现,它有利于改变县域经济结构,激发县域经济的活力,带动县域经济又快又好地发展。从县域经济发展的经验来看,绝对没有固定的模式推动所有县域经济的可持续发展,但是发展得好、发展得快的县域经济,必定遵循了经济发展的一般规律,必定与当地实际紧密结合,必定充分发挥了当地的比较优势,必定创造了特色品牌。

在强调"特色"的大背景之下,各县域经济的发展必须落实好"特色立县、品牌兴县"战略,充分发挥区域优势,做强特色品牌。如此,如何打造特色品牌就成为县域经济发展过程中的又一关键问题。特色品牌是否被市场广泛认可以及是否能带来可观的经济效益,这是特色品牌的生命力表现。另外,如果品牌只是名声在外,而不能充分挖掘品牌的内在价值,并将其做大做强,这势必影响品牌的效益和生命力。随着市场经济的逐步深入,要使品牌在激烈的市场竞争中永葆青春,必须通过"谋品牌—树品牌—育品牌"的过程来打造特色品牌,以实现"特色立县、品牌兴县"。

1. 要理清思路谋品牌

思路决定出路,在打造特色品牌方面,必须解放思想、实事求是,要用发展的观念认识品牌,从市场的角度检验品牌。理清思路谋品牌,必须革除传统守旧的品牌意识,必须将强化创新意识放在重要地位,充分重视人才、技术、合作与交流在"谋品牌"中的重大作用,促进本已存在的特色经济产业向特色经济品牌转变。

2. 要突出重点树品牌

在县域经济发展过程中,特色品牌是靠建起来的。这就需要弄清和明确县域经济发展中的优势资源有哪些,重点需要发展什么,能发展什么,市场需要什么,为了树品牌要做些什么等问题。由于各县域所拥有的特色资源各异,所以各县域所要打造的特色品牌也是多样的。但是,以下几个方面又都是共同需要的:第一,完善人才引进、使用和培训机制。当下社会,人才是最大的资源。所以,必须引进、培养优秀人才参与特色品牌的打造,并将人才优势发挥到极致。因为世间一切事物中,人是第一个宝贵的,只要有了人,什么人间奇迹都可以造出来。第二,完善企业经营机制。让品牌之"特色"发挥吸引力,吸引人才、资金、技术自觉进入到特色品牌的建设中来,无形中提升特色品牌的市场竞争力。第三,完善品牌维护机制。特别是做好对特色品牌商标权、注册权和开发权的管理,保护特色品牌所有者的合法权益。

3. 要转变职能育品牌

政府必须切实转变职能,从"家长"角色向"侍者"位子转变,要为特色品牌的打造提供全方位服务。例如通过各种渠道,为特色品牌的打造争取国家政策,为特色品牌的打造提供最大支持,为特色品牌的企业之发展提供良好的发展环境,等等,从而为特色品牌成气候、上规模、上档次、变集群提供坚实的基础。

第四章 共同富裕背景下
基于绿色发展理念的县域经济发展

本章以陕西省域经济的发展为例来详细分析共同富裕背景下基于绿色发展理念的县域经济发展。

第一节 绿色发展理念概述

人与自然之间的关系一直是人类思考的热点,特别人类进入工业文明以后,随着经济的发展,人类对自然的索取越来越多,引发了很多生态问题。生态和发展之间的关系更加受到学者和政府的关注。自改革开放以来,我国经济得到了飞速发展,但是单纯的经济发展引发越来越多的生态环境问题。保护自然环境,建设生态文明,走可持续发展道路成为每一代领导集体的时代使命。在继承和发展马克思主义生态思想推进马克思主义的中国化,并且充分发掘中国传统文化中所蕴含的人与自然和谐共生的思想的基础上,结合我国具体实际合理吸收西方生态理论,绿色发展理念应运而生,成为我国经济发展的主色调。

一、绿色发展的理论基础

在人类文明发展的进程中,探究人与自然关系问题是我们走向文明深处的基石。从古至今,无论东方智慧还是西方文化关于人与自然关系的观点在当今时代依然熠熠生辉,启迪人类。绿色发展理念汲取了中国传统文化中所蕴含的人与自然和谐相处的思想,并且充分结合我国具体实际合理吸收西方生态理论,继承和发展了马克思主义生态观。面对全球发展问题,绿色发展为全球发展贡献中国方案。

（一）中国传统文化中的生态思想

研究中国传统文化的历史渊源,离不开当时的社会发展,虽然当时的人们改造自然的能力非常有限,但是现存的很多文化著作中包含着敬畏自然的论述。

孔子曾说:"天何言哉?四时巧焉,百物生焉。"自然万物运行是有规律的,不以人的意志为转移,人也是自然中的一员,对于自然规律人类只能去遵循,尊重自然、敬畏自然。老子认为:"天地与我并生,万物与我为一。"老子的这个观点强调了人与自然的一致性,突出了人与自然和谐相处,统一于存在。往来贤者有关自然环境、自然规律、自然法则的观点都启示人们要保护自然环境、遵循自然法则。在当时人类已经意识到自然规律的客观性,人类必须与自然融洽相处。这些观点都为绿色发展理念的形成奠定了思想基础。

（二）马克思主义生态思想的影响

马克思主义的一些哲学观点和生态思想对我国绿色发展理念的发展提供了理论基础。是中国特色社会主义生态文明建设的理论指导。由于马克思和恩格斯所处时代的局限性,他们并没有明确的生态观,但是从他们的著作中可以发现很多人与自然的观点。这些观点为人类生产生活实践转向绿色发展,进而实现人的自由而全面的发展的社会奠定了理论基础,遵循马克思主义生态思想,结合中国绿色发展的具体实际,对于探索形成中国特色的绿色发展理念、模式,进而推进经济发展具有重要的理论价值。

第一,辩证唯物主义认为物质第一性,意识第二性,在回答世界本源问题的同时,深刻指出了物质世界的客观性,承认自然界及其规律的客观实在性,世界是普遍联系和永恒发展的,自然界是一个有机整体,每个系统的发展是此起彼伏的,人类为了追求经济发展过度开发资源必然会引起生态系统的不平衡,绿色发展正是应对了这一现状而生。我们在追求经济利益的同时更应该注意到自然的可承载力。

第二,人与自然、人与社会、人与人之间的关系问题,是马克思主义生态思想的核心。生产劳动是联系人与自然之间的中介,人通过社会实践活动不断地认识和改造自然环境。过度改造导致环境问题,严重影响人类生存发展。马克思主义生态思想指出人与自然是辩证统一、和谐发展的关系。马克思认为人是自然界的一部分,明确了"人"的自然本质和自然界的人的本质,表明了人和自然是一种和谐共生的生态关系。恩格斯在《自然辩证法》中同样也表达了类似观点,认为人在作用于自然时应始终牢记人类存在于自然这一客观事实,并着重强调自然界对于人的存在和发展至关重要,人与自然须和谐共处。

第三,马克思恩格斯列举了资本主义工业扩张发展过程中对自然环境造成了严重的破坏,这都为人们考量发展和生态之间的关系起了作用。恩格斯强调,人类不要过分陶醉征服自然的胜利,对于每一次这样的胜利,自然界都会报复人类。以上都体现了马克思、恩格斯的生态思想。马克思、恩格斯的生态思想为绿色发展理念的提出和发展奠定了思想基础。绿色发展观是马克思主义理论同中国实际情况相结合的产物,是基于人的发展同自然环境的发展相融合的产物。

马克思主义生态思想,为人类生产实践提供了理论指导,是我们由传统发展观转向绿色发展观的理论支撑。基于马克思主义生态思想,结合中国发展的具体实际,绿色发展理念成为新时代的远行航标,成为我们生态文明建设的思想武器,是可持续发展的必由之路。

(三)中国共产党生态思想的继承发展

在推进中国经济社会发展的历史浪潮中,每一代领导集体都特别重视发展与生态之间的关系。随着我国社会经济的发展,环境问题日益严峻,中国共产党领导人民建设社会主义生态文明,生态文明建设成为中国特色社会主义的重要组成部分。在探索发展与生态之间的关系问题时,可持续发展应运而生。在不断推进生态文明建设的过程中,绿色发展的意义得到凸显,只有不断加强绿色发展,才能推进我国生态文明建设,绿色发展成为社会主义生态文明建设的必然选择。中华人民共和国成立以来,随着我国社会经济的不断发展,生态文明建设思想也处在变化之中,不同时期的生态理念、治理经验为我国走绿色发展道路提供了宝贵经验,是我国绿色发展观的理论基石。生态文明建设和可持续发展观为绿色发展的马克思主义中国化提供了思路,是我们丰富和发展绿色发展理念的思想基础。

生态文明的内涵是以人与自然、人与人、人与社会和谐共生的可持续发展为基本宗旨的社会形态。绿色发展与生态文明相互区别、相互联系。从发展的角度绿色发展和生态文明是一脉相承的,内在本质是一致的。生态文明是人类文明进步和社会前进的一种状态,倡导人与自然的和谐相处。绿色发展注重一种和谐的发展状态,倡导走可持续发展的道路,旨在创造人与自然和谐相处,重视经济与生态的发展,通过更科学更环保的发展模式和减少能耗、降低污染等途径促进生态平衡,努力促进人类健康发展和社会有序建设。走绿色发展道路就是促进人类生态文明建设,进行生态文明建设的过程就是在努力促进绿色发展。绿色发展是生态文明的内在体现。

绿色发展理念与可持续发展观一脉相承,是我国生态文明建设的重要组成部分。可持续发展主要指经济发展与生态资源之间的平衡关系,可持续发展重点强调发展的结果是持续的,绿色发展比可持续发展更加广泛,不仅仅指经济范畴人与环境之间和谐相处,还可以发展到其他领域,泛指发展的健康持续。

资源环境压力不断增大,既要保证经济发展,又要保护环境。中国共产党的每一代领导集体都非常重视环境与资源保护。党的十九大报告提出加快生态文明体制改革,建设美丽中国的重大战略,人与自然是生命共同体,人类必须尊重自然、顺应自然、保护自然。坚持绿色发展是生态文明建设的必由之路,坚持绿色发展是可持续发展的基本条件。

二、绿色发展与内涵

基于新的历史背景,发展问题将更加突出,如何破解发展难题,探究中国未来发展,中国共产党领导集体结合时代背景提出了"绿色发展理念"。绿色发展理念是对马克思主义发展观的创新与发展。绿色象征着健康、活力、公平。绿色发展是对传统发展模式的继承与发展,在追求经济利益更大化的前提下将生态环境的承载力和经济发展的可持续性、人与自然和谐相处等作为重要考量。绿色发展从发展和生态的平衡角度出发,以保护生态平衡为前提,以发展为目的。对于县域经济而言,需要与绿色发展相结合,寻找环境保护与经济发展的平衡点。坚持科学发展、坚持可持续发展、坚持绿色发展是经济发展的现实需要,是环境保护的现实需要。绿色发展是对传统发展的创新,具有更强的发展生命力。

(一)绿色发展的基本内涵

关于绿色发展的内涵目前没有一个确切的概念,张凯认为绿色发展的内涵就是低碳经济、循环经济、绿色经济。万志科认为绿色发展旨在强调人民的幸福感、社会的公平性、经济发展与环境保护的统一性。李志霞将绿色发展内涵概括为三点:一是经济的发展要考虑环境和资源;二是实现经济、社会和环境的和谐发展;三是绿色发展的主要内容是实现经济活动的"绿色化""生态化"。吴茵茵在其硕士论文中指出,绿色发展主要是发展方式的转变。方世南认为,"绿色发展是一个系统工程,既需要政府坚持绿色执政和绿色行政,也需要企业承担社会责任,坚持清洁生产、循环发展、低碳发展和安全发展等绿色生产方式,更需要全社会倡导生态文化和生态理性,坚持绿色生活方式、绿色消费方式和绿色行为方式。"

通过对其他学者关于绿色发展不同观点的研究,概括出绿色发展内涵如下:首先,绿色发展应分解为"绿色"和"发展"。什么是绿色呢?绿色就是阳光的、向上的,象征着环保、和谐、美好,总之是一种完美的体现。其次,什么是发展呢?发展是对于每个事物而言是绝对存在的,是无时无刻不在发展着的,静止是相对存在的。最后,绿色发展内涵应该概括为促使一切社会存在都处于和谐、完美、环保、健康、可持续状态的发展模式。

(二)绿色发展的特征

绿色发展是一种新的发展方式,与传统发展的本质是一致的,都是在不断地创造新事物。"绿色"代表的是发展特征,绿色发展的目标是发展。与传统发展相比具有以下特点:

第一,绿色发展坚持以人为本。以人为本是科学发展观的核心,绿色发展理念的践行是对科学发展观的实践。经济发展要在生态环境的承载力范围内服从和服务于人的需要和发展,强调通过人与自然的和谐发展,来更好地实现人类自身的健康可持续发展。

第二,绿色发展更注重生态化特征。经济社会发展要在遵循自然规律的基础上进行,合理开发利用自然资源,提高资源的利用率,不断开发新能源和清洁能源等,实现生态环境的可持续性。

第三,绿色发展安全化特征。"绿色"作为发展的一种状态,还有一层含义就是安全,这也是绿色发展所追求的,绿色发展旨在追求经济安全、社会安全、资源安全、生态安全、环境安全等,要求经济社会、自然资源、生态环境风险可控。

第二节　绿色发展理念下县域经济发展模式选择及制约因素

一、影响陕西省域经济发展模式的因素分析

陕西省域分布广泛、地域差异性大、很难以某一标准去衡量经济发展。影响县域经济发展的因素非常复杂,有的是县域自身的因素,有的是县域外部的因素,内外因素相互交织,共同作用于县域,影响县域经济的发展。但由于不同的县域面临的问题不同,各影响因素的作用强度也就存在差异。本节着重从宏观方面和微观方面进行分析。宏观方面着重从不同地区县域发展情况和不同产业下县域发展情况进行研究。微观影响县域经济发展的主要因素有地理位置与自然条件、人口与劳动力、资金与技术等。

(一)从区域和产业结构宏观分析影响因素

1.从区域角度分析

陕西省域分布于陕北、关中、陕南三个区域,每个区域自然资源禀赋差异很大。本节将对每个区域分别研究,最后进行宏观比较得出结论。

陕北地区虽然经济总量大,但是其产业结构不优、县域间经济差异化很大。比如神木市2016年生产总值904.8亿元,第一产业的占比只有

1.46%,第三产业的占比是30.64%,产业结构很不合理,绝大多数属于第二产业产值,并且第二产业的产值主要靠重工业。吴堡县2016年生产总值是17.97亿元,这与排名第一的神木差距很大。结合陕北其他县发展情况,可以看出,陕北县域经济发展差异最大。陕北的甘泉县、宜川县、黄龙县、延长县、延川县、佳县、吴堡县等生产总值很低,基本上属于资源贫瘠、环境恶劣的区域。这类县经济要发展起来必须结合县域实际挖掘潜力资源、发展新兴产业。

陕南县域经济是陕西省域经济基础最弱的地区,陕西省域生产总值十强县中只有城固县,农业十强县中也只有城固县,2016年城固县生产总值217.22亿元,城固县属于陕南地区经济最发达的县,主要是第二产业比重大,城固县域的军工业为其经济发展贡献力量。其他县基本都是靠第一产业和第三产业发展。陕南的佛坪县、留坝县、镇平县等经济非常落后,2016年佛坪县生产总值8.56亿元,留坝县生产总值14.11亿元,镇平县15.26亿元。这些县属于深度贫困地区。

关中地区在位于陕西腹地,八百里秦川。地势坦荡,对于农业的发展、工业的发展、第三产业的发展都占据有利地位。从关中县域生产总值和产业结构分析,渭北高原几个县域经济发展支撑主要是煤矿等,如旬邑县、长武县、铜川的几个县。这几类和陕北资源型县域发展模式很类似,不同之处在于,渭北这几个县农业也很发达,从生产总值可以看出。其他县域经济发展模式基本一致。

综合以上分析,可以看出,陕北、关中和陕南县域经济发展有很多相似的地方,也存在差异方面,不同区域县域类型差异很大,同一个区域内的县域也存在着不同类型主导的产业。单一地从地理角度得出经济发展模式具有片面性,很难具体的指导县域经济发展。

2.从产业角度分析

从产业结构分析陕西省域经济发展情况,对于研究陕西省域经济发展差异化具有现实意义。

从第一产业分析。第一产业比较发达的县是礼泉县,2019年农业生产总值达153.5亿元,其次是城固县79.25亿元,大荔县47.69亿元,周至县

42.57亿元,泾阳县30.61亿元。这5个县主要分布于陕西关中地区,只有城固县位于陕南地区。从第一产业发展的角度看,陕北地区第一产业最落后,关中最发达。

从第二产业角度分析。陕西工业最发达的县域有,神木市、府谷县、韩城市、靖边县、定边县。这5个县主要分布于陕北地区,只有一个韩城市位于关中。

从第三产业角度分析。2021年,陕西县域经济第三产业生产总值达13589.07亿元,占到了总生产值的45.6%,这说明第三产业正在逐步发展。第三产业的发展对县域经济的优化起着重要作用,是产业多元化发展的重要方向。

综上,陕西省域经济发展模式的构建不能只从区域角度或者产业角度考量,必须从整体去把握,客观分析微观因素,分析不同类型县域实际情况,概括经济发展模式。

(二)从微观角度分析影响因素

从微观角度分析,影响陕西省域经济发展的主要因素有地理位置与自然条件、人口与劳动力、资金与技术等。

1.地理与自然条件

从地埋位置看,陕西位于西北内陆腹地,横跨黄河、长江两大流域,是新欧亚大陆桥和中国西北、西南、华北、华中之间的门户,与8个省市接壤,交通便利、物流辐射面广。陕西省跨北温带和亚热带,整体属于大陆季风性气候。由北向南迥异的气候特点和地貌特点促使陕西省物产和矿产资源丰富。陕西省已查明的矿产资源储量潜在价值达42万亿,约占全国的三分之一,居全国之首。

2.人口与劳动力

区域人口中具备劳动能力和一定的劳动技能、生产经验和科学文化知识的人才构成区域劳动力资源,劳动力是生产力的首要因素。在当今时代,县域产业结构升级的方向是以劳动、资金密集型产业为主向知识、技术密集型产业为主过渡,无形的服务型产品生产渐渐占据主要的产业发展的地位,信息、网络、资讯、金融文化等产业将会成为县域的主导产业,因此对人力智力资源的占有、配置使用成为衡量县域发展条件的最重要的因素,同时也成为一种县域资本。只有提高人口和劳动力质量,才能实现县域产业结构优化升级,使落后县域赶上发达县域的经济发展水平,实现跨越式发展,进而实现产业结构的高度化,促进县域经济增长。

3.资金与技术

资金是县域经济发展的重要影响因素,它是促进经济发展的前提条件。一方面,资金是维持简单再生产和进行扩大再生产的物质基础,有了足够的资金,就会形成越来越大的生产力,创造出日益增长的社会财富。另一方面,基础设施的改善,如修桥铺路、农田基本建设等需要大量资金的投入。从陕西省域财政收入分析,地方县域财政收入差异很大。

科技进步对县域经济增长的影响已越来越大,日趋居于主导性的地位。它是提升县域经济结构,促进县域经济发展的关键因素。一个区域如果技术力量强,就有可能建立以技术指向型的高新部门为主体的产业结构,从而保持经济发展的好势头。而如果一个地区只拥有自然资源和劳动力资源,不具备技术条件,则只能建立以资源指向型为主的初级产业加工工业的产业结构,这是落后地区的典型结构。陕西省域科技水平整体落后,只有不断突破技术瓶颈,才能更好地发展经济。

二、绿色发展理念下陕西省域经济发展适用模式

县域经济发展模式具有地域和历史特色,模式只有和县域的地理环境、能源资源、发展程度等多方面因素相结合,才能更好地指引县域经济发展。绿色发展的内涵要求,发展必须是可持续的、并且是高效率的。

影响县域经济发展的因素很多,资源能源、区位、经济构成结构、市场结构、市场机制、政府政策等因素。为了更好地研究陕西县域经济,在前几章节研究成果的基础上,结合陕西省域特点、发展情况、发展因素等,现将陕西省域分成四大类,农业产业主导型县域、资源优势主导型县域、区位优势主导型县域、深度贫困型县域。

(一)农业产业主导型县域发展模式

农业是县域经济的基础性产业,是解决民生问题的根本。农业产业主导型是指以县域内农业资源为基础,以发展农业生产为主要发展目的,规模化、产业化发展农业产业。在陕西地区一些县域,土地资源充沛,可以利用肥沃平坦的耕地发展现代农业,利用山地发展果业经济。农业作为基础性产业发展到一定规模可以向农产品加工方向发展。这个应该作为农业产业主导型发展模式发展的方向,单纯的农业产业对县域经济贡献率较低。

农业产业主导型模式适用于关中地带的一些县域,农业十强县有9个属于关中地区。当然对于陕南地区虽然地势没有关中优越,也可以根据县域特色发展产业,陕南一些县域盛产茶叶,紫阳县紫阳毛尖品质非常好,茶叶的含硒量比皖、浙、闽等地高出6至32倍。镇巴县盛产的秦巴雾毫、西乡县产的午子仙毫也非常有名。陕南县域经济普遍发展落后,主要靠第一产业带动发展。

对于农业产业主导型县域,第一,要因地制宜发展优势农业,农产品对地理环境的要求很高,因地发展产业很重要。第二,注重品质,以市场为导向,农业作为基础性产业,最大特点就是风险高、利润低,要不断地以市场为导向优化农业产业、产品结构等防止滞销。第三,加大科技投入、注重品牌包装,提高产品的价值。第四,由农业产业化向产品加工方向发展,这是农业型县域经济发展的必由之路。

(二)资源优势主导型县域发展模式

资源优势主导型县域主要依托资源优势发展经济,比如矿产资源、旅游资源等。这类县域经济发展优势明显,在经济发展的初期阶段,由于缺少发展的机会,许多县域都把对某种优势资源的开发作为启动县域经济发展的突破口,来促进县域经济的发展。当然也存在劣势,资源型县域资源的大规模开采,对本县自然资源和区域外市场的依赖性很大,一旦自然资源枯竭或域外市场萎缩,县域经济发展就会受到严重影响。同时如果资源开发利用不当也会导致严重的生态破坏和环境污染,尤其是一些煤炭资源型县域。

对于矿产能源型县域一方面合理开发资源、有效利用资源、提高能源的利用率。另一方面要在能源产业的基础上开发新能源,将产业向多元化发展。对于旅游型县域,依托景区资源发展旅游业,加强景区文化建设、市场建设,注重旅游品质发展,不断拓展其他产业。在旅游开发过程中将景区建设与生态环境相结合,注重绿色发展。通过产业融合升级壮大县域经济。例如陕北的一些县域、渭北的一些县域都属于能源资源优势型县域,关中的一些县域具有旅游资源。这类县域应该借助资源优势结合绿色发展理念助推发展壮大县域经济。

(三)区位优势主导型县域发展模式

史晓庆指出,"所谓县域区位优势,即某一县域在发展经济方面客观存在的有利条件或优越地位。这里所指的区位优势主要是指地理位置上带来的相对比较优势。主要包括:沿海、沿边、沿线县市、市郊县。"西安市、咸阳市、宝鸡市等周围的县域就具有区位优势。这类县域主要有三原县、泾阳县、周至县等。这些县域处于城市和农村的过渡地带,交通比较发达,对城市的依附力强,一方面适合利用城市产业资源发展工业;另一方面适合农业产业化发展,农产品直接供给城市市民,减少物流运输成本,增强市场的竞争力。

对于区位优势主导型县而言,区位优势利用不当也会成为劣势,当地政府如果没有合理地利用区位优势进行产业布局,必然会影响经济发展。产业的引进和布局关系到县域经济的可持续发展。经济发展必须与环境保护相结合,科学承接产业转移,合理进行第一、第二、第三产业布局,促进县域经济绿色发展。

三、陕西县域经济绿色发展制约因素

(一)绿色发展观念滞后

人类没有一个健康的生活环境,再发达的经济都是没有用的。绿色发展是我们应对资源有限性和发展无限性之间矛盾的唯一途径,然而,在生态危机面前、在环境污染面前,县域政府、企业、消费者却缺乏绿色发展观念,这严重制约着陕西县域经济健康可持续发展,只会引发更大的环境问题。从陕西省各个县域经济发展情况来看,经济比较发达的神木市、府谷县基本都是靠煤、天然气等能源发展起来的,这种发展最大的特点就是资源利用率低、环境污染大。

第一,政府层面,陕西很多县域经济发展落后,政府财政收入低,有些只能靠中央转移支付维持行政开支。当地政府部门缺乏前瞻性,只重视经济增长,忽略污染带来的危害。我们治理环境永远比破坏付出的成本大,环境的破坏是一时的,然而治理却需要很长的时间,甚至是不可逆的。

政府层面对资源环境保护没有更清醒的认识,资源环境保护制度不够健全,陕西省县域本身就资源相对不平衡,不同区域的经济发展差异很大,对于资源相对丰富的县域,疯狂开发资源,导致了严重的环境问题,生态补偿制度也没有跟上环境的恶化速度。对于资源相对少的县域,当地政府为了追求经济发展不断承接发达地区的产业转移,当然有很多就是高污染的企业,这样对当地的环境又会产生更大的污染。绿色发展的观念相对滞后。

第二,企业层面,陕西省域的一些企业缺乏对绿色产品开发的重视,追求眼前利益最大化。实际上绿色产品的价值应该更大,更能获得最大利润。绿色产品的开发培养需要一个过程,很多企业不愿意去创新。缺乏对绿色生产的重视,在绿色发展的大背景下,企业的产品只会更缺乏竞争力。比如县域很多煤矿企业,只是为了追求短期利益,没有前瞻性,在新能源、清洁能源进入市场后,传统的矿产只能被淘汰。

第三,对于消费者而言,缺乏绿色发展的观念,绿色消费意识滞后,制约了企业对绿色产品的开发。消费者是市场的主体,在产品的追求上更应该考虑健康、环保。这样对企业而言只有不断提升产品的环保性,才能更好地迎合市场。

(二)绿色技术和能源系统落后

发展是必然的,只要发展就必须需要资源能源作为基础。新能源和传统能源的断代是阻碍绿色发展进程的物质因素。新能源、绿色产业、绿色产品的开发研究需要绿色技术做支撑。

绿色技术落后。绿色产品的开发需要绿色技术的支持。清洁能源、新能源等绿色能源在开发和生产过程中需要绿色研发技术作为支撑。落后的绿色技术必然导致更多的不绿色的产品不能被及时替换,制约了绿色发展的速度。

能源系统落后。发展是永恒存在的,我们不能因为目前没有充足的替代传统能源的新能源而停止发展。新能源的开发和制造需要一个过程,只能在这个过程中去替换新能源,落后的能源系统阻碍了绿色发展的进行。

(三)绿色发展机制不够完善

科学的机制约束对于绿色发展具有促进作用,县域经济本身占据绿色资源较弱,对于县域绿色发展通过机制管理更科学的推进意义重大。绿色发展机制不够完善表现在以下方面。

第一,缺乏绿色考核机制,绿色发展需要一个过程,达成绿色发展共识需要一定的时间。绿色考核机制对绿色发展的推广具有一定的作用。从考核机制中分解出激励措施和惩罚手段,对于发展绿色产业的企业政府通过税收等行政手段进行奖励,对于破坏环境的环保部门要专门去调查处理。行政手段促使绿色发展快速推进。当然,机制的设计很容易,只要结合实际情况,就会有一套科学的考核机制,最难的是执行,这个过程就需要政府切实参与。通过行政手段保证绿色发展的实行。

第二,缺乏市场驱动机制,对于绿色产品营销政府参与应该多一点,这样对于消费者是一种引导,对于注重绿色发展的企业是一种鼓励和支持。政府的行政手段是广泛的,政府在推动绿色发展的过程中应该多参与,支持绿色发展。政府在制定一些产业标准时应该把绿色这个元素多设计进去,多方面、全方位地提供绿色发展的空间。

第三,缺乏绿色保护机制,绿色产品的研发需要科技技术创新的支持,对于绿色研发技术专利保护政府应该积极支持,保护参与者的利益。对于生态型企业政府应该优先保护其发展。

机制的不断健全,对绿色发展不仅仅具有保护作用,更是一种引领。政府应该加强县域政策研究,促进经济可持续发展。

第三节　绿色发展理念下
构建县域经济发展模式的新路径

一、农业产业主导型县域经济发展模式的路径选择

在传统发展模式指引下第一产业主导的县域经济一般都还没有那么的发达,关中、陕南的一些农业主导的县域生产总值很低。如何在现有条件的制约下去破解这一发展难题,绿色发展给出了答案。发展现代化农业,通过农业产业化向农产品加工业方向发展,优化市场,发展第二产业和第三产业。

(一)强化政策支持发展现代化农业

政府行政手段在县域经济发展中的主导作用非常强,这是县域经济的一个特色,也是优势,可以集中力量去发展。现代化农业不仅仅要求规模化发展,更要求生产生态化。政府通过财政、税收、产业扶持等政策推进农业现代发展进程。通过发展现代农业进行产业突破,为县级经济发展寻找突破口。

农业属于基础行业,对其他产业发展起着重要作用,立足农业自身特点,从长远考虑,发展绿色农业、生产绿色农产品成为新的思路。政府是县域经济的指挥棒,在县域经济发展问题上应根据县域实际情况规划农业发展,进行产业布局。

基于绿色发展理念下的现代化农业发展,生产无公害农产品成为必要条件,其生产方式必须遵循绿色发展理念。陕西眉县在现代化农业发展中,大樱桃基地采取"合作社+专家+基地+农户"的模式,在眉县齐镇建立了眉县无公害大樱桃8000亩,直接带动整个眉县地区大樱桃产业的发展。在政府的指导下创立了"晓文一号"等30多个品牌,无公害大樱桃具有很强的市场优势,引领了我国樱桃种植发展。陕西地区主产很多种水果,开展大型企业+农户的模式发展生态农业,对产业进行升级、对产品应品牌化包装,提高产品的附加值,增加农民收入。比如建立苹果种植基地、葡萄种植基地等,对于能统一大面积种植的直接发展现代农场,对

于不能大面积发展的搞合作社+农户形式。

农业的生态化对人类的健康至关重要,我们现在所食用的粮食中的农药化肥含量很多都超标,这样长期对人的身体健康构成很大威胁,再加之长期对化肥农药的使用同样破坏了耕地的可持续性。从绿色发展的视角出发,发展循环农业是基于健康环保的考虑,对于关中和陕南一些县域而言,地域辽阔、土壤丰厚,适合粮食的大面积种植,这类县域作为粮食主产区,适合发展循环农业,提高粮食的市场优势,对推动县域经济发展有着重要意义。

(二)依托资源优势发展特色产业

陕北和陕南的一些县域资源贫瘠,发展传统农业的基础性不强,应立足资源,错位发展。汉中市留坝县是一个典型的资源贫瘠的县域,但是留坝县旅游资源独具特色,境内自然风光宜人,两汉三国历史文化积淀丰厚,张良庙、紫柏山等旅游景区颇具盛名。留坝县通过旅游产业带动其他产业的发展促进其县域经济发展。在2016年黄龙县属于国家级贫困县。黄龙县地处黄土高原的沟壑地带,全县森林覆盖率达74.3%,林木绿化率达82.4%,被誉为陕北黄土高原上的"绿色明珠"。黄龙县立足县域特色发展中蜂产业,建成8万箱中蜂产业园区,发展中蜂养殖户1625户,产蜂蜜1299吨,实现产值6480万,通过蜂业发展拉动地区经济发展。

对于特色产业发展一定要深入调查研究,明确当地自然资源和经济优势。以独特的产品优势、良好的产品质量,打开国内外市场。在生产上要实行专业化生产。特别对于一些县域发展比较落后的地方,其特色更强,也许只有那么一两项适合发展,只要把这一两项做大做强就完全可以占据市场。比如陕南一些县种植茶树,如何就茶叶这一农产品进行品牌升级,提高产品质量,如何占据市场,这些县域政府都应该非常重视。发展特色产业对于资源相对落后的地区而言是一块敲门砖,属于当地县域经济增长的一个中心,这个中心点发展起来,必然会带动其他产业的发展。

(三)立足基础产业主导产业升级

对于农业主导型县域而言,发展现代化农业和培育特色产业只是发展的第一步,要最终振兴县域经济必须立足基础产业,向农产品制造业和第三产业发展,单纯的农产品附加值很低,在推动县域经济发展上很吃力。绿色发展的要求不仅仅是对于产品而言,对于发展模式的良性循环也很重要。农产品制造业和服务业的发展对于现代农业的发展也是一种补充,比如,陕西鄠邑区葡萄种植基地,单纯提升品牌价值,也只能卖出的是葡萄,但是我们能否在葡萄现代化种植的基础上引进葡萄酒加工企业,葡萄酒的价值比初级农产品葡萄高很多,同时创造就业岗位、增加经济收入,这种模式对农业主导型县域经济的发展具有很强的推动能力。以旬邑县为例,旬邑县农业生产总值在全省县域排名第9,仅次于富平县。旬邑属于山区,耕地面积少,为什么农业发展还排名靠前,主要是旬邑县苹果种植面积大,2016年苹果种植面积达50.3万亩,产量达55.5万吨,这对促使旬邑县经济发展有很大作用,在苹果大规模种植的基础上,旬邑县政府依托企业+农户的发展模式引进了蓝海果业,主要生产苹果酒,如果说初级农产品的价值很低,那么加工成食品后价格就会成倍增加,蓝海果业目前生产苹果酒销往世界各地,为旬邑县经济建设、人口就业等贡献了力量。

二、资源优势主导型县域经济发展模式的路径选择

资源优势主导型县域主要是以不可再生的矿产资源开采开发作为其主要的经济发展方式。陕西省域生产总值排名靠前的基本上都是依托自然资源发展。长期粗放式的开发对生态环境造成很大威胁。这种发展模式必然是不可持续的,基于绿色发展角度,资源型县域经济要想可持续发展,就必须强势推进产业升级、产业转型,由单一产业向产业多元化方向发展。

(一)供给侧、去产能、降能耗,提高能源的利用率,大力发展清洁能源

党的十九大报告指出,我国经济已经由高速增长阶段转向高质量发展阶段转变。陕西工业生产总值占比中,煤炭开采和洗煤业占10.7%,有色金属冶炼和压延加工业占7.1%,非金属矿物制品业占6.3%,化学原材料及化学制品制造业占5.9%,石油加工、炼焦及核燃料加工业占5.7%。

从产业比重来分析,能源化工类占据比重太大,产业结构单一。

能源的不断开采利用对陕西省域生态环境构成很多威胁,陕西省大气污染物的排放量远高于全国平均水平,去产能、降能耗迫在眉睫。煤、石油等资源的利用率很低,造成了资源的浪费。在开发新能源的同时要提高能源的利用率。

绿色发展将人与自然和谐相处放到了衡量发展优劣的核心位置,矿产资源不是源源不断的、生态自然的承载力不是无限大的,我们必须清醒地认识到改变发展模式的迫切性。

(二)立足产业优势向先进制造业、新型工业等方向发展

自然资源的禀赋是优势也是劣势,利用得好将推动县域经济发展,造福一方百姓,造福子孙后代,无节制地开采引发的生态问题必然会引起自然的惩罚。任何产业的发展都需要经济基础作为依托,丰富的自然矿产石油资源能为地区经济发展夯实基础,在此基础上向产业多元化发展,将劣势变成优势。陕西很多发达县域除资源型企业外,其他方向的产业非常少。

对于具有旅游资源的县域而言,应该加大旅游发展力度,不断扩展丰富产业链。例如礼泉县袁家村,通过旅游业的发展带动其他产业的发展。这对解决当地就业问题和发展经济都有很大的促进作用。周至县依托文化产业发展旅游业,周至水街的发展带动了地区经济发展,以周至水街为增长极点,衍生发展出更多的服务型行业。当然,在景区开发过程中不能破坏林业资源、水资源,而是要在原有基础上更好地完善和发展。

三、区位优势主导型县域经济发展模式的路径选择

陕西省很多城市周边的县域都具备区位优势,有些县域同时具备农业区位优势和工业区位优势,对于具备农业区位优势的县域主张发展现代生态农业,对于具备工业区位优势的县域主张合理化工业布局,科学承接产业转移。

(一)依托城市人口红利发展现代农业

农产品的滞销一直是农业发展的制约瓶颈,从绿色发展的视角分析,对于城市周边的平原型县域,发展现代农业供给城市市场,可以持续发展。比如咸阳市、西安市周边的县域,这类县域可以利用其平坦肥沃的耕地建立无公害水果蔬菜生产基地,利用其特殊的区位优势占领市场。例如咸阳市周边的泾阳县整合关中环线农业资源,推动龙头企业规模化、品质化、品牌化发展,打造西安绿色食品生产基地。三原县发展现代农业示范园3个,培育农业产业化龙头企业2个。着力打造供给城市农产品生产基地。现代农业注重农业生产的效率、产品的品质、产品的生态性。利用距离城市近的优势发展现代农业,从产地到厨房,中间没有任何环节。这样增加了农产品的利润。在城市建立代购点,或者直接走农场+社区模式,进行订单式生产供给市场。

区位就是市场、区位就是优势,农业的发展除了需要自身努力外,很大情况需要借助外力,这是由农业投资的高风险性决定的,中国传统的农业基本上是靠天吃饭,可利用区位优势进行产业选择,也可以在城市周围的县域发展循环生态农业,循环生态农业首先是生态农业,必须符合无公害这个核心,这也是绿色发展的本质要求,何为循环? 循环就是需要建立一个生态链,在该区域发展农业+养殖业相结合,当然,这种结合不是简单机械的结合,应该是有机结合,这中间需要建造一个有机肥发酵厂,将养殖业产生的动物粪便送进有机肥加工厂进行发酵,这样生产的有机肥可以用于土地,不仅解决了化肥引发的耕地破坏问题,同时节省了化肥的支出。土地生产的粮食、水果、蔬菜都属于无公害的,可以直接供给市场,并且具有很强的市场竞争力,对于秸秆等农作物残留物直接用于养殖业,整个过程是循环的,可持续的。

(二)合理工业布局科学承接产业转移

广阔的土地资源、密集的劳动力为县域工业发展奠定了物质基础,县域企业用地相对城市而言更加便宜,这为企业减少了投资成本,政府在招商引资时应加大对区位优势的利用。随着城市土地、劳动力等生产要素价格的上涨,一些产业竞争优势消失,而县域生产要素成本低、土地价格便宜,发展产业更有优势。更积极地承接产业的转移有利于加速县域新型工业化和城镇化发展,对促进县域经济发展起着重要的推动作用。当然,随着城市环保力度的不断加强,许多高污染、高能耗的企业也往农村搬迁。对于县域经济持续发展而言,在承接产业转移时要以绿色发展为指引,科学合理地规划产业布局,必须用高标准选择转移产业,不能让污染延续到县域。产业转移是县域经济发展的一种快速途径,可以发展壮大县域经济,促进就业。

四、深度贫困型县域经济发展模式的路径选择

贫困地区的经济发展首先需要政府产业支持,单独的产业扶持或者资金扶持只能解决一时问题。贫穷虽然首先表现出来的是经济方面,但是贫困的根源一定不仅仅是经济因素。扶贫先扶志是精准扶贫过程中的理论产物。只有将绿色发展与精准扶贫有机结合起来,促使经济可持续发展,才能达到"造血"的目的。

绿色发展的内在要求是达到一个持久的发展。我们不能只通过资金帮扶,这种帮扶只解决眼前问题,贫困问题依然存在。应引进绿色产业,进行产业扶贫。将产业的发展与绿色发展相结合,促使产业良性发展。以佛坪县为例,佛坪县自然环境优美、动植物种类繁多,有很多植物药用价值很大,土地气候适宜,有1000多种药材生长,特别适合名贵中药材山茱萸的生长。对此进行市场分析,利用国家的产业扶贫资金在佛坪县进行山茱萸产业布局,通过企业+农户或者政府引导农户种植,发展山茱萸产业,以此为契机打开一个产业链,带动其他产业的发展,对产品进行加工,增加其附加值,在生产高品质产品时注重品牌包装。对于深度贫困型县域,我们必须深挖其产业潜能,通过与绿色发展相结合,走可持续发展之路。

第五章 共同富裕背景下基于乡村振兴的县域经济发展模式——以河南省为例

第一节 乡村振兴概述

一、乡村振兴的政策解读

进入21世纪以来,全面建成小康社会一直是党和政府发展建设的重点,党的十六大、十七大、十八大都对2020年全面建成小康社会的战略目标做出了重要的部署和明确的要求,始终把"三农"工作作为全党工作的重中之重。自党的十六大以来,党和政府对"三农"工作的统筹不断深化,任务更加明确,坚持实事求是,随着社会经济的发展不断完善。从党的十六大的"全面繁荣农村经济"和"加快城镇化进程",到党的十七大的"统筹城乡发展"和"推进社会主义新农村建设",再到党的十八大的"推动城乡发展一体化",体现了党对"三农"工作部署不断深入和细化,直至党的十九大以"实施乡村振兴战略"的部署,将"三农"工作的重视提升到前所未有的高度,上升成为一项重要的国家战略。

"乡村振兴战略"的提出既保证了三农工作在以往政策中的一脉相承,又拓宽了对农村建设的新思路,提出了新目标。在城乡发展方面,从之前的"统筹城乡发展"到"推动城乡发展一体化",乡村振兴进一步强调了农业农村发展的优先级,要建立健全城乡融合发展的体制机制和政策体系,乡村的发展需要城市,城市的发展也需要乡村,城市和乡村在融合发展的过程中应形成双向互动、相互依存的新型工农城乡关系。在推动农业现代化方面,"乡村振兴战略"中提出不仅农业农村要现代化,也要实现农民的现代化,使农村现代化建设的内涵更全面、科学,为新时期"三农"工作的建设提供重要的新的思路。

2018年的中央一号文件中阐述了关于乡村振兴战略的内容,主要包括三个方面:指导思想、目标任务和基本原则。

在指导思想方面,创造性地提出了"五位一体"的乡村振兴战略的总要求:产业兴旺、生态宜居、乡风文明、治理有效、生活富裕。这五句话,二十字不仅作为整体构成了乡村振兴战略的具体标准,同时,五个方面内部相互作用、相互促进,相辅相成形成一个有机整体,共同推动乡村振兴目标的实现。乡村振兴的总要求是社会主义新农村建设总要求的升级版,随着新时期的社会发展,成为对新农村建设总要求的内涵的深化、充实与提高。

在目标任务方面,严格执行乡村振兴"三步走"计划,在2020年,乡村振兴的实施取得重要的进展,相关制度的框架和政策体系基本形成。到2035年,乡村振兴的实施取得决定性进展,基本实现农业农村的现代化。到2050年,乡村实现全面振兴,农业强、农村美、农民富的理想成为现实。"三步走"计划为乡村振兴制定了一个长远、可靠的奋斗目标,使党员干部看得到方向,使人民群众看得到希望。

在基本原则方面,提出了"七个坚持"的基本原则,即坚持党管农村工作,坚持农业农村优先发展,坚持农民主体地位,坚持乡村全面振兴,坚持城乡融合发展,坚持人与自然和谐共生,坚持因地制宜、循序渐进。原则中将共产党管农村工作作为首要原则,体现了党对乡村振兴工作的重视,也为乡村振兴提供坚强有力的政治保障。基本原则中提出"坚持优先发展农业农村",包括在干部人员的配备上优先考虑、资源要素的配置上优先满足、建设资金的投入上优先保障以及公共服务上的优先安排。和以往的三农政策相比,"乡村振兴"的基本原则将农业农村的发展提高到了前所未有的高度。

二、乡村振兴的本质内涵与路径选择

在乡村振兴战略的规划与实施中,充分理解乡村振兴的本质内涵尤为重要,只有对本质内涵进行准确把握,才能在研究和实践工作中明确方向、找准思路。笔者认为乡村振兴的本质内涵就是在农业、农村、社会治理等多个角度实现现代化。

实现乡村振兴的路径,依然要从乡村振兴的五个总要求着手,学习和领会习近平总书记在历次的考察和会议中的讲话和报告,笔者从五个方面总结出乡村振兴的实现路径,即乡村产业振兴、人才振兴、文化振兴、生态振兴、组织振兴。

在产业振兴方面,要加快构建乡村产业体系,发展特色产业和特色经济,以农业供给侧结构性改革为主线,围绕农村一、二、三产业融合,实现农业从增产导向到增值导向,最终要促进农民的增收,使乡村生活富裕;在人才振兴方面,要培养一支懂农业、爱农村、爱农民的"三农"工作队伍,吸引人力资本进入农村,强化乡村振兴的人才支撑,培育新型的农民队伍和农业经营主体,激励愿意进入农村的人才能够大显身手、大展才华,为我国农业现代化建设提供坚实的人力基础保障;在文化振兴方面,要物质文明和精神文明一起抓,以社会主义核心价值观为引领,加强农村地区的思想道德建设和公共文化建设,培育文明的乡风、良好的家风和淳朴的民风,重点是要提升农民的精神风貌;在生态振兴方面,"绿水青山就是金山银山",农村的发展建设要遵循自身的发展规律走一条符合实际的路子,坚持绿色发展,整治环境问题,保留乡村风貌,使良好的生态成为乡村振兴的重要支撑点,要让人民望得见山,看得见水,记得住乡愁;在组织振兴方面,重点是要培育农村基层党组织,培养优秀的基层党员干部,建立现代乡村治理体系,使乡村社会成为安定有序,充满活力的人民乐土。

第二节　河南省县域经济发展现状与实证分析

一、河南省县域经济发展现状

本节将从整体的角度论述河南省经济发展情况,并根据乡村振兴中"产业兴、农民富、农村美"的要求,从产业角度、收入角度和环境角度分别阐述河南省的经济发展现状。

(一)河南省经济发展概述

河南省的地形地貌有平原、丘陵和山区,三种地形分别占总面积的55.7%、17.7%、26.6%,平原主要分布在东部、中部以及西南部的南阳地区,主要农作物有小麦、玉米和水稻为主,丘陵地区主要分布在中部和南部的一些地区,主要种植蔬菜、水果、茶叶等经济作物,山区主要分布在西部的秦岭余脉地区、北部的太行山余脉地区和南部的大别山地区,主要出产药材、林木等。

河南省作为农业大省,农业在县域经济发展中扮演着重要的角色,起到重要的作用,多年以来,河南省一直高度重视农业和农村的发展,不断夯实农业基础,积极提高农产品质量,优化农业产业结构,注重发展特色农业,实行多项农业补贴政策。河南省同时也是资源大省,在矿产资源方面,河南省地层齐全,地质构造复杂,具有优越的成矿地形条件,蕴藏着丰富的矿产资源,是全国矿产资源大省,在已探明储量的矿产资源中,居全国首位的有8种,居前3位的有19种,居前5位的有27种,居前10位的有44种。水资源方面,河南省境内有包括黄河、淮河以及长江的1500多条河流,水资源总量413亿立方米,水力资源蕴藏量490.5万千瓦,可供开发量315万千瓦,西北部有黄河小浪底水利枢纽,可见河南省也是我国的水资源大省。河南省更是我国的旅游资源大省,可供观赏、旅游的景区、景点有100多处。省内重点风景名胜区共25处,其中国家级的有5处,省级的有20处,自然保护区23处,其中古文化、花文化等特色旅游资源闻名全国,为河南省的旅游业发展提供了优越的条件。

1.产业角度

2018年县域生产总值在300亿以下的县域占了70%以上,县域地区生产总值达到500亿元以上的县域分别是新郑市、中牟县、巩义市、新密市、荥阳市、禹州市、登封市、长葛市、林州市、灵宝市、永城市和偃师市共12个县域,而绝大多数的县域产值在300亿以下,说明河南省县域产业发展的不平衡。尤其是产值最高的新郑市和产值最低的卢氏县,相差数值竟有12倍之多,由此可见河南省内县域产业发展水平差距巨大,两极分化严重。

从2015年到2017年第一产业比重不断下降,第三产业占比升高,第二产业比重相对稳定,表明河南省县域产业结构处在不断优化的过程中,且县域经济的发展依然主要依靠工业驱动。这表明产业结构还具有进一步优化的空间。

2.收入角度

全省105个县域城乡居民人均总收入呈快速增长的趋势,但与之伴随的城乡居民人均收入差距在扩大,速度也在不断增加。城镇常住居民人均可支配收入全部超过2万元,其中有89个县域的增速高于全省,有96个县域的农村常住居民人均可支配收入超过1万元,有88个增速高于全省。

县域经济在整体上正处于快速发展的阶段,人民生活水平正在不断改善,但县域内部的城乡居民人均收入差距也在进一步扩大,农村地区与城市地区的发展差距在明显扩大,这对于城乡经济的稳定有着极为不利的影响,不仅导致农村成为县域发展的短板,过大的差距更有可能引起其他的社会问题。

3.环境角度

由于河南省县级环境数据难以统计,目前只能以地级市为单位对河南省环境情况进行阐述。空气质量方面,全省城市环境空气质量整体为轻污染。其中洛阳、新乡、郑州、鹤壁、焦作、安阳6市环境空气质量为中度污染。生态环境方面,全省共有森林面积409.65万公顷,森林覆盖率达到了24.53%,共建有省级以上森林公园118个,其中国家级森林公园31个,无论是全省的森林覆盖率还是国家级森林公园的分布情况,都主要分布在西部和南部地区,并从西南向东北呈递减趋势。从地形上看,河南省西部和南部分别属于伏牛山、桐柏山和大别山等山系,地形复杂,盛产优质的林木资源和矿产资源,生态环境良好,为中部和东部地区提供了一条天然的生态屏障。

(二)经济发展水平的空间分布

为了能够明确河南省县域经济发展水平的空间分布情况,笔者以2017年河南省县域人均GDP为衡量指标进行了分析研究。

虽然人均GDP这一单项指标并不能清晰、准确地反映出地区的经济发展实力,但也可以为研究河南省县域经济提供一个大致的认知。河南省内部经济在空间分布上存在一定的空间聚集性,大体可以表现为:中部以及西北部地区发展水平较高,南部和东部地区呈现出零散且经济水平较弱的空间格局。具体表现为以郑州市、洛阳市、焦作市、济源市及其下属县域为主的中部和西北部地区经济水平较高,且呈现聚集的态势,尤其是以郑州下属的荥阳市和新郑市两个县域,人均GDP均突破10万,甚至大于河南省任一地级市。其次是以三门峡市为主的西部和以安阳市、鹤壁市为主的北部地区的发展水平较好。发展水平较差的是以南阳市、周口市、商丘市和信阳市下属县域为主的南部、西南部和东部大部分地区,人均GDP普遍较低,整体呈现出从西北向东南经济水平递减的空间格局。

二、河南省县域经济发展模式的实证分析

对河南省县域经济发展的研究需要采用科学有效的评价方法与工具,才能使研究具有客观性与科学性。笔者收集了河南省105个县域的13项指标数据,对数据进行标准化处理之后,进行因子分析,得出因子分析的综合评价得分并进行排名,根据结果再进行聚类分析,并分析其成因。

(一)指标体系构建

1.指标体系

笔者通过借鉴其他国内外研究中的评价指标体系,并结合《河南省统计年鉴2019》与《中国统计年鉴2019》中的现有数据,依据科学性、系统性、层次性的构建原则,将河南省县域经济发展水平的评价指标分为4大类共13个指标,见表5-1。

表5-1　县域发展水平评价指标

一级指标	二级指标	三级指标
县域经济发展水平	经济指标	人均生产总值(元)
		人均消费品零售额(元)
		乡村就业人员(人)
		城镇化率(%)
	农业指标	农林牧渔增加值(万元)
		人均农业机械动力(千瓦/人)
		人均第一产业产值(万元)
	工业指标	工业化率(%)
		人均工业生产总值(万元)
		人均第二产业产值(万元)
		二产产值占比(%)
	服务业指标	人均第三产业产值(万元)
		三产产值占比(%)

2.确定研究对象

学界一般认为,对于县域经济的研究通常为县和县级市,不包括市辖区和省辖市,需要说明的是开封市于2015年划入城区管辖,更名为"祥符区",三门峡市陕州区于2015年划入城区管辖,更名为"陕州区",许昌市许昌县于2016年划入城区管辖,更名为"建安区",早在《河南统计年鉴2017》中开封市、陕州区和许昌县将不再纳入县域经济统计,因此笔者将这三项排除。济源市虽然其行政区类别为省直辖县级市,但其在统计中已经与地级市并列,与县级市相比具有更多的城市经济属性,故笔者不将其纳入研究范围。

3.收集与整理原始数据

本章节的数据来自《中国统计年鉴2017》与《河南省统计年鉴2017》,

收集的数据主要包括105个研究对象的13项评价指标值,收集整理的原始数据见表5-2。

表5-2 原始数据统计表

	人均生产总值(元)	城镇化率(%)	人均消费品零售额(元)	农林牧渔增加值(万元)	人均农业机械动力(千瓦/人)	工业化率(%)	人均工业总产值(元)
登封市	81961	53.62%	31518.38	179769	179769	63.27%	199295.26
栾川县	46928	46.23%	18550.92	153570	466452	74.96%	23391.83
嵩县	30138	32.78%	15100.35	316409	435879	43.48%	14752.10
汝阳县	32608	33.41%	15095.17	152936	406727	43.27%	12758.31
洛宁县	39408	31.80%	14580.13	304317	256582	37.65%	72748.95
鲁山县	19217	34.69%	7174.83	283157	545896	24.47%	12856.73
林州市	61534	51.50%	14731.76	2117097	359694	54.75%	140957.33

(二)因子分析

1. 相关性检验

表5-3中所示的数值代表了对应的两种指标之间的相关性,其数值的绝对值越接近1,则说明指标之间相关性越强,反之则越弱。表中数值大部分都超过了0.6,说明所选指标之间相关性较大,可以进行因子分析。

表5-3 相关性矩阵表

	人均生产总值(元)	城镇化率(%)	人均消费品零售额(元)	农林牧渔增加值(万元)	人均农业机械动力(千瓦/人)	工业化率(%)
人均生产总值	1.000	0.749	0.779	-0.478	-0.320	0.712
城镇化率	0.749	1.000	0.636	-0.471	-0.301	0.600
人均消费品零售额	0.779	0.636	1.000	-0.380	-0.272	0.483
农林牧渔增加值	-0.478	-0.471	-0.380	1.000	0.619	-0.527

续表

	人均生产总值(元)	城镇化率(%)	人均消费品零售额(元)	农林牧渔增加值(万元)	人均农业机械动力(千瓦/人)	工业化率(%)
人均农业机械动力	−0.320	−0.301	−0.272	0.619	1.000	−0.333
工业化率	0.712	0.600	0.483	−0.527	−0.333	1.000

2. KMO 和 Bartlett 检验

KMO 检验和巴特雷特球形检验是因子分析中重要的一步,是对评价指标之间的相关性检验,考察所收集的数据是否适合进行因子分析。

检验结果:表 5-4 中,KMO 值为 0.694,表明该变量之间存在较强的相关性,巴特雷特球形检验的观测值为 2237.417,概率 $P<0.001$,拒绝相关系数矩阵是单位矩阵的原假设,可以认为关系数矩阵和单位矩阵之间存在明显的差异,所以该变量适合做因子分析,可以使用主成分分析法进行降维分析。

表 5-4　KMO 和 Bartlett 的检验

KMO取样适切性量数	近似卡方	0.694
		2237.417
巴特利特球形度检验	自由度	78
	显著性	0.000

3. 因子分析

主成分分析法是因子分析中最常用且地位最重要的分析方法,笔者采用主成分分析法对样本数据进行求解因子载荷矩阵。根据河南省县域经济发展水平评价指标变量的相关系数矩阵,提取公共因子,选取特征根值 >1 的特征根。样本中 18 个县域的评价指标变量的公因子方差见表 5-5。

表5-5 公因子方差

	初始	提取
人均生产总值(元)	1.000	0.934
城镇化率(%)	1.000	0.670
人均消费品零售额(元)	1.000	0.784
农林牧渔业增加值(万元)	1.000	0.918
人均农业机械动力(千万/人)	1.000	0.628
工业化率(%)	1.000	0.870
人均工业总产值(万元)	1.000	0.599
二产产值占比(%)	1.000	0.955
三产产值占比(%)	1.000	0.939
乡村从业人员(人)	1.000	0.645
人均第一产业产值(万元)	1.000	0.464
人均第二产业产值(万元)	1.000	0.943
人均第三产业产值(万元)	1.000	0.934

主成分分析法通常要求初始特征根的值需要大于1,公共因子的累积贡献率不小于70%。根据表5-6的总方差解释,可以看出初始特征值>1的变量有3个,分别是7.017、1.776和1.494,这两个公共因子解释原有变量总方差的79.126%,这3个公共因子可以反映原有变量的大部分信息,所以,最终选择这3个公共因子。

表5-6　解释的总方差表

成分	总计	初始特征值方差百分比(%)	累积(%)	总计	提取载荷平方和方差百分比(%)	累积(%)	总计	旋转载荷平方和方差百分比(%)	累积(%)
1	7.017	53.974	53.974	7.017	53.974	53.794	4.790	36.849	36.849
2	1.776	13.660	67.634	1.776	67.634	67.634	2.995	23.035	59.884
3	1.494	11.492	79.126	1.949	79.126	79.26	2.501	19.242	79.126
4	0.882	6.787	85.914						
5	0.764	5.880	91.794						
6	0.348	2.675	94.469						
7	0.275	2.119	96.588						
8	0.207	1.593	98.181						
9	0.123	0.946	99.127						
10	0.060	0.460	99.587						
11	0.027	0.210	99.797						
12	0.026	0.202	99.999						
13	0.000	0.001	100.000						

4.因子命名与解释

根据表5-7和表5-8中因子正交旋转矩阵结果,可以分析得出:

第一,在第1个公共因子上有较高载荷变量的有人均生产总值、城镇化率、人均消费品零售额、工业化率、人均工业总产值、人均第二产业产值、人均第三产业产值。由于第1个公共因子主要解释了以上这些变量,说明这个公共因子代表了工业和城镇化水平,总体来说经济较为发达。因此将该公共因子命名为发达经济因子。

第二,在第2个公共因子上有较高载荷变量的有农林牧渔业增加值、人均农业机械动力、乡村从业人员和人均第一产业产值。由于第2个公共因子主要解释了以上这些变量,说明该因子代表了农业发展水平较强,因此将该公共因子命名为农业发展因子。

第三,在第3个公共因子上有较高载荷变量的有工业化率和二产产值占比,并且和第三产业占比呈较强的负相关,表明该因子代表了以工业为主导的发展类型且第三产业发展很弱,因此将该公因子命名为工业发展因子。

表5-7 成分矩阵表

	成分		
	1	2	3
人均生产总值(%)	0.915	0.170	0.263
城镇化率(%)	0.791	0.187	0.097
人均消费品零售额(元)	0.751	0.399	0.246
农林牧渔业增加值(万元)	−0.701	0.053	0.651
人均农业机械动力(千万/人)	−0.526	−0.089	0.586
工业化率(%)	0.852	−0.363	0.115
人均工业总产值(万元)	0.720	−0.003	0.285
二产产值占比(%)	0.835	−0.504	0.065
三产产值占比(%)	−0.279	0.905	−0.205
乡村从业人员(人)	−0.623	0.144	0.486
人均第一产业产值(万元)	−0.573	−0.102	0.355
人均第二产业产值(万元)	0.940	−0.028	0.242
人均第三产业产值(万元)	0.775	0.553	0.164

表5-8 旋转后的成分矩阵表

	成分		
	1	2	3
人均生产总值(%)	0.899	−0.253	0.251
城镇化率(%)	0.734	−0.330	0.151
人均消费品零售额(元)	0.866	−0.183	−0.021
农林牧渔业增加值(万元)	−0.209	0.921	−0.164
人均农业机械动力(千万/人)	−0.167	0.775	0.015
工业化率(%)	0.547	−0.345	0.672
人均工业总产值(万元)	0.684	−0.132	0.338
二产产值占比(%)	0.450	−0.379	−0.781
三产产值占比(%)	0.087	−0.032	−0.965
乡村从业人员(人)	−0.187	0.739	−0.253
人均第一产业产值(万元)	−0.317	0.602	−0.433
人均第二产业产值(万元)	0.822	−0.284	0.433
人均第三产业产值(万元)	0.914	−0.266	−0.168

5.因子综合评价得分排序

在计算因子分析的得分部分,使用回归法计算出因子得分,以各因子的方差贡献率占这两个公因子总方差贡献率的所占比重来进行加权求和,可以得出河南省各个县域的综合得分F,计算公式为:

$$F=(53.974F1+13.66F2+11.492.F3)/79.126$$

通过对河南省105个县域的经济发展水平综合评价与排序,可以大致看出河南省县域经济发展主要有以下特征:①河南省县域经济发展水平十分不均衡且差距较大。县域经济综合得分最高的是荥阳市,得分2.49896,而最低的是卫辉市,得分为−1.1864,前后两者得分相差较大,说明河南省县域发展不平衡的问题较为严重。②公因子F1代表了县域的综合经济实力,对综合得分的贡献率也比较大,因此F1得分较高的县域在综合得分中的排名同样较高,也代表了县域的产业结构相对成熟。F1得分较高的县域有荥阳市、新郑市、新密市和巩义市等,这些县域的F1得分大于2;F1得分较低的县域有封丘县、原阳县、获嘉县等,表明这些县域的经济发展水平低,且产业结构偏向于农业,是迫切需要发展经济和产业转型升级的县域。③公因子F2代表了县域的农业发展水平,F2得分最高的是邓州市和固始县,分别是3.96559和2.59522,只有这两个县的得分大于2,和其他县域有明显的差距;F2得分最低的是义马市、修武县和台前县,分别是-2.5181、-2.12836和-2.10107,这三个县域的得分小于-2,表明其农业发展水平很低,农业机械化水平低,对农业发展不够重视,但也有可能是因为地区条件不适合大规模发展农业。④公因子F3代表了县域的工业发展水平,其中得分较高的有淇县、临颍县、长葛市和新乡县,在F3上的得分都大于2,表明这些县域以工业作为县域发展的主导,但第三产业还未发展起来,有较强的经济发展潜力;在F3得分上较低的县域有卫辉市、新密市、鲁山县等,这些县域在F3得分上较低,说明这些县域并不以工业为主导产业,也有可能是经济发达的县域有较强的第三产业,导致在F3得分上较低,具体要根据其他因子和综合因子进行判断。

（三）聚类分析

通过对河南省县域建立经济综合竞争力评价体系,并对105个县域做出了评价和排名,本节将通过聚类分析中K-means聚类的方法,对所研究的县域进行聚类,并在此基础上进行分类讨论。

根据表5-9的聚类结果可以看出,第一类包括了10个县域,第二类包括了35个县域,第三类包括了60个县域。每个聚类所包含的具体县域如下:

第一类:登封市、林州市、巩义市、荥阳、新密市、新安县、偃师市、义马市、新郑市、沁阳市(10个)。

第二类:辉县市、西峡县、商城县、渑池县、灵宝市、光山县、固始县、潢川县、杞县、通许县、尉氏县、叶县、滑县、内黄县、淇县、武陟县、温县、孟州市、清丰县、濮阳县、鄢陵县、长葛市、临颍县、唐河县、新野县、邓州市、永城市、息县、扶沟县、西华县、商水县、郸城县、淮阳县、太康县、鹿邑县(35个)。

第三类:栾川县、嵩县、汝阳县、洛宁县、鲁山县、卢氏县、南召县、内乡县、淅川县、桐柏县、新县、孟津县、宜阳县、伊川县、宝丰县、郏县、舞钢市、汝州市、安阳县、禹州市、方城县、镇平县、罗山县、确山县、泌阳县、中牟县、兰考县、汤阴县、浚县、新乡县、获嘉县、原阳县、延津县、封丘县、长垣县、卫辉市、修武县、博爱县、南乐县、范县、台前县、襄城县、舞阳县、社旗县、民权县、睢县、宁陵县、柘城县、虞城县、夏邑县、淮滨县、沈丘县、项城市、西平县、上蔡县、平舆县、正阳县、汝南县、遂平县、新蔡县(60个)。

第一类中包括了登封市、林州市、巩义市等10个县域,主要集中在郑州市与洛阳市之间聚集,经济发展受到大城市的辐射带动,这些县域综合得分较高,主要是由于这些县域在公因子F1得分较高,而F1的贡献率很高,所以这些县域表现为经济发展水平高,非农产业占GDP比重大,发展比较全面,产业结构相对较好,应不断增强自身发展质量,在对其他县域的经济辐射带动方面发挥重要的作用。

第二类县域是包括辉县市、西峡县、商城县等的35个县域,第二类县域呈现出聚集的分布态势,结合河南省地形地势图可以看出,这些县域大多分布在平原区且境内有河流流经,非常适合发展农业生产,有明显聚集的地区分别在以濮阳市及下辖县域为主的东北部黄河支流平原区,以开封市、许昌市、漯河市和周口市下辖县域的中部淮河支流平原区,以信阳市东部县域为主的淮河流域平原区,以南阳市南部为主的南阳盆地地区。这类县域在综合得分中表现为中等水平,其中大多数县域在农业方面有较好的发展,在农业产值和农业机械化水平上都领先于其他县域,基于这种优势,该类县域适合走一条农业生产带动县域经济的道路。

第三类县域是包括栾川县、嵩县、汝阳县、洛宁县等的60个县域,此类县域在全省的数量占据了大多数,分布也最广,主要在西部和南部的山区和丘陵地区,在综合得分的排名中属于中下位置,往往是工业处于起步阶段,经济发展水平较为落后,工业基础薄弱,但其具有较大的发展潜力,却也存在着许多的问题,需要寻找到一条适合自身县域情况的具有特色的发展路径。

表5-9 每个聚类中的县域个数

聚类	1	10
	2	35
	3	60
有效		105
缺失		0

第三节 河南省激发乡村振兴内生动力的县域经济发展模式选择

一、选择河南省县域经济发展模式的原则

(一)因地制宜的原则

"因地制宜"既是河南省县域经济发展模式的原则,也是实施"乡村振兴"战略要坚持的原则。县域的发展不能一味地追求经济扩张,要明确地分析出县域内的各种发展优势,根据自身不同的区位条件、资源条件和人文条件等,把握乡村的差异性和发展走势分化特征,在谋求发展的过程中,突出产业特色,进行因地制宜的发展。河南省秀丽的自然景观、深厚的历史文化以及宜人的气候环境都是县域经济因地制宜发展的优势条件。

(二)城乡融合发展的原则

城乡融合发展的原则,就是要在县域发展中,打破城乡经济二元结构,实现城市地区与乡村地区的融合、联动发展。一方面要充分发挥城市经济的辐射作用,带动农村产业的发展,引导城市资源和人才流向农村,激发农村地区产业活力,与城市形成协同互补、共同繁荣的关系;另

一方面,要充分体现乡村特有的产业价值与环境价值,发挥乡村土地、环境以及文化的相对优势,着力提高乡村发展的吸引力,推动从城乡统筹发展到城乡融合发展的根本性变革。

(三)环境保护的原则

河南省由于受其地形地貌等自然因素的影响,极易产生水土流失和生态破坏,南北过渡性的气候使河南省经常出现变化剧烈的天气甚至灾害性天气,在历史上,旱涝灾害一直是河南省的农业发展的最主要障碍。河南省作为一个人口大省,如今以全国1.74%的土地养育着6.87%的人口,生态环境压力巨大。所以在县域经济发展过程中需要极为注意环境保护,要尽力避免高污染、高排放、高能耗的项目的引入,始终践行"绿水青山就是金山银山"的重要思想,坚持人与自然和谐共处,将环境保护放在发展的首位,这也是"乡村振兴"战略所坚持的原则。

二、河南省县域经济发展模式的确立

乡村振兴是个全面、广泛且复杂的课题,笔者从乡村振兴的视角确立县域经济发展模式,主要是以其中的重要思想对县域发展模式的确立进行指导,有以下三个方面:

乡村振兴的最基本内涵,也是20字总要求,即产业兴旺、生态宜居、乡风文明、治理有效、生活富裕,是新时代我国"三农"工作的总抓手,其中产业兴旺是乡村振兴战略的基础和重点,在确立县域经济发展模式中,也要以县域产业的发展为重点,因此需要确立出以三大产业为主体的县域发展模式。

党的十九大报告中指出,实施乡村振兴战略,要促进农村一、二、三产业融合发展。农村产业融合发展也是推动农村产业兴旺的必要条件,有助于形成现代农业产业体系,在县域经济发展模式的确立中,县域产业融合发展的思想也尤为重要,区别于过去农村产业等于农业的发展道路,乡村振兴视角下的农村产业应以多元化为主,根据农村具体情况,优先发展其优势产业作为引领,进而带动其他产业及部门,走出一条多产业协同发展的道路。

乡村振兴战略指出,要坚持农业农村优先发展和城乡融合发展。城乡融合发展的政策要求城乡要素自由流动、平等交换,不同于过去"重城轻乡"的发展策略,乡村振兴要求农村与城市处于平等的经济地位,城乡之间各有分工。再者,农村发展路径不能走城市发展的老路,应避免走传统的高耗能、高污染的工业型发展道路,探索出一条有特色的、适合农村发展的新路,让农村"留得住绿水青山,记得住乡愁"。因此在乡村振兴视角下县域经济发展模式的确立中,应体现出适合农村发展的特点,即轻工业、产值高、污染小、综合性强等。

以下是笔者以乡村振兴战略中的重要思想为依据,确立的四种县域经济发展模式。

(一)特色农业为引领的现代农业模式

2011年《国务院关于支持河南省加快建设中原经济区的指导意见》(以下简称《意见》)发布,标志着中原经济区建设成为我国的国家级战略,《意见》明确指出,要将中原经济区建设成为我国重要的粮食生产和现代农业基地。因此特色农业产业的发展对于河南省具有极为重要的意义。发展特色农业有助于调整我国的农业产业结构,提高农业产业的竞争力,增加农民收入,同时也是提升农产品供给质量,助力农业供给侧结构性改革的重要途径。特色农业为引领的产业融合模式是依托当地的特色种植业与养殖业,打破单一的传统农业的局限,通过当地特色工艺对特色农产品进行加工实现与二产的融合发展,打造具有当地具有特色的农产品品牌,通过打开周围地区市场提高销量与知名度,进而带动集观光度假、快递电商、仓储物流等相关农业企业的发展,实现与三产的融合发展。特色农业为主导的模式需要当地具有真正独特的农产品或优质的农产品资源,这种独特性对当地的气候、地理、环境和产业条件具有较高的要求,有明显的地域性特征。特色农产品或者优质的农产品在市场中具有明显的竞争优势,尤其是形成了品牌效应的农产品,往往能够在众多普通农产品竞争中突破重围,形成县域地区的特色产业,进而构建现代产业示范区,通过科技与信息等要素作为主导,发展现代农业模式,围绕着农产品的育种、加工与销售等环节,催生出与之配套的服务业体系,形成完整的产业循环,通过农业与加工业、服务业的深度融合,实现以特色农业为引领的现代农业模式。

(二)农产品深加工为引领的产业集群模式

河南省不仅是一个农业大省,同时也是一个农产品加工大省,而以农产品深加工为引领的产业集群模式,与以往对农产品简单加工方式以及工业制造型加工方式不再相同。我国现阶段主要矛盾已经改变,居民消费升级日益凸显,对农产品已经完成了从数量需求到质量需求的转变,如今,相较于经济实惠,优质、安全、营养、健康的农产品更能满足大众消费的需求,这也是农产品加工业发展的必由之路。以农产品深加工为主导的加工制造带动模式,是提高农产品附加值和农民收入的重要方式,是改善经济落后地区产业结构的重要动力,也是在农村地区形成特色产业链的关键一环。既不同于在城镇化下的产业园区型的加工业,也不同于原始作坊型的小打小闹型的手工加工业,农产品深加工对技术、设备和工业基础有一定的要求,以当地农产品和特殊的加工技艺为依托,打造农产品加工基地,吸引当地配套农业企业与相关服务业企业形成产业集群,充分发挥农产品加工业的延长产业链的功能。一方面扩大对当地传统农产品和农副产品的需求,延长大宗农产品的产业链和价值链,也能让过剩的农业生产力得到充分合理的利用,提高当地农民的收入,还能在与农业进行深入融合的同时,以工业的理念引领农业的发展与转型,加快农业现代化的步伐,带动第一产业的发展;另一方面,农产品加工业也能带动与之配套的商贸服务业的发展,在当地培育出仓储批发、冷链物流、农村电商等相关企业,特殊的加工工艺也能为当地生产特色商品,与当地的旅游、文创等行业进行融合,推动第三产业的发展。农产品加工企业在保证产品质量的同时,更要重视产品的品牌效应,积极培育自身知名度。加强设备与工艺的研发,对当地相关产业进行整合,扩大生产规模,形成规模效益,带动周边相关企业的协同发展。

(三)乡村旅游为引领的消费带动模式

河南省是中国古代文明的发祥地,拥有丰富的人文历史资源和旅游资源,近年来,社会与经济的发展,为众多旅游景点的开发提供了充足的条件。旅游业是第三产业中发展最快的产业之一,能够为当地提供大量的就业岗位,为地区经济注入活力,而且相对于其他产业,环境污染小。近年来城市化的不断加快,使得城市居民的生活压力增大,对自然的田园风光充满了渴望,在这种强大的推动力下,乡村旅游行业得到了快速的发展,游客数量不断增多,呈现出需求高、增长快的特点,在许多地方已经是旅游业发展的支撑力量。

河南省近年来在乡村旅游方面已经取得了快速的发展,出现了"栾川模式"与"焦作现象"这样的乡村旅游发展的新模式,通过旅游业的引领,促进农村地区产业的融合发展,充分利用了县域境内优美的自然风光与景区资源,同时也带动了经济的发展,改善了当地人民的生活。在新时期,乡村旅游模式的发展应顺承"绿水青山就是金山银山"的发展理念,依托美丽的自然生态来发展旅游经济,坚持人与自然的和谐共生。目前乡村旅游主要有三种模式:第一种是郊区游,乡村旅游的最大、最稳定的客源是城市居民,随着城市生活中环境污染和生活压力的不断增大,越来越多的城市居民希望在乡村地区呼吸新鲜的空气、欣赏美丽的自然风景来释放压力,而乡村旅游地区与城市的距离适中,城市居民可以在节假日驱车前往,开发诸如"农家乐""农业观光"等乡村旅游项目,这不仅推动了乡村地区的经济发展,同时也推动了乡村与城市的融合发展。另一种乡村旅游是依托已经开发的景区资源,在其周围地区开展的景区游,利用景区的知名度与便捷的交通条件所带来的游客进行开发,与景区形成集群效应,相互补充。第三种是政府在相对贫穷地区扶持的乡村旅游,这些地区由于开发项目少,拥有大面积的原始自然风景,这类的乡村旅游地区通常以村落的形式发展,帮助当地居民提高收入,改善基础设施建设,属于政府的旅游扶贫项目。以乡村旅游为引领的消费带动模式中,需要将乡村旅游与当地产业紧密地结合起来,带动农村地区的餐饮业、农副产品业等其他产业的发展,同时也提高了农村与城市地区融合发展的进度,有利于打破城乡的二元结构。乡村旅游的发展能为当地提供大量的就业机会,能吸引外出打工和返乡创业的农村居民,形成农村人才的回流。

（四）农村电商为引领的服务带动模式

2018 年的政府文件《中共中央 国务院关于实施乡村振兴战略的意见》中指出,要"大力建设具有广泛性的促进农村电子商务发展的基础设施""深入实施电子商务进农村综合示范""加快推进农村流通现代化"。乡村振兴与农村电商的关系十分密切,不仅体现在农村电商是实现乡村振兴的重要途径之一,同时也为农村电商提供了一个难得的发展机遇。农村电商是在实施乡村振兴战略中促进农村产业融合,推动农村经济发展的一项重要措施,也是城乡资源双向流动的有力渠道,其目的是推动农村地区社会经济的发展,提高地区农业竞争力,推动农民增收,助力农业供给侧结构性改革,实现农村地区的产业兴旺。虽然电子商务的发展以互联网为依托,但其发展根基依旧是实体经济,实现农村电商的可持续发展必然需要与当地的传统产业进行深度融合。以农村电商为引领的服务带动模式,主要以农副产品和深加工农副产品的物流配送为核心,从而带动农产品进行规模化生产、销售、服务以及农产品加工企业的集聚与联动,构建出相对完整的产业链体系,实现在县域通过农村电商带动一产和二产的融合发展。电商发展的一大优势就是快递业,快递业与电商相互支撑,协同发展,通过电商企业的入驻,在县域的农村地区聚集人才、信息和资本,建立起物流服务节点,以及农产品上行所需要的冷链、仓储、交通等基础设施,利用"大数据"等信息服务技术分析农产品市场供需情况,根据市场饱和程度和客户的偏好进行差异化生产,帮助生产者提高生产效率,调整种植结构,符合市场需求,避免同质竞争,从而实现粗放式生产向高效生产的转变,也能发展订单农业和线上农产品订制服务等经营方式,提升供给侧端的整体效益,带动农业的全面发展。在二产方面,农村电商平台不仅为农村地区的农产品加工企业提供一个绝佳的销售渠道,将互联网平台和技术应用到农产品加工产业的各个方面,从而推动农业生产与销售方式的转型,降低流通的成本,利用互联网、"O2O"模式等科技手段为农产品加工企业拓展销售渠道,使农产品加工企业对供应链进行信息化管理,有助于提高二产的生产效率,实现基于农村电商与物流配送的一、二、三产业融合发展。

三、河南省各县域的经济发展模式的选择

(一)各县域发展模式的选择

河南省各个县域的发展情况与条件有着较大的差异,选择正确合理的发展模式至关重要。上文中,笔者使用SPSS工具对河南省105个县域进行了因子分析和聚类分析,将所有县域分成4大类,通过上文确立的4种县域经济发展模式,根据每个县域的具体情况出发,为其选择县域发展模式,选择结果如下:

特色农业为引领的现代农业模式:长葛市、孟州市、邓州市、温县、濮阳县、固始县、渑池县、孟津县、新野县、潢川县、唐河县、武陟县、尉氏县、鹿邑县、杞县、通许县、西华县、太康县、滑县、郸城县、光山县、商水县、清丰县、息县、新县、内黄县、淮阳县、叶县、平舆县、扶沟县、民权县(31个)。

农产品深加工为引领的产业集群模式:博爱县、新乡县、淅川县、舞阳县、范县、南乐县、浚县、延津县、封丘县、嘉县、台前县、原阳县(12个)。

乡村旅游为引领的消费带动模式:荥阳市、新郑市、灵宝市、新密市、偃师市、巩义市、登封市、沁阳市、义马市、新安县、淇县、永城市、林州市、禹州市、西峡县、鄢陵县、中牟县、辉县市、临颍县、栾川县、商城县、确山县、汤阴县、修武县、方城县、内乡县、嵩县、舞钢市、南召县、汝阳县、郏县、鲁山县、卢氏县(33个)。

农村电商为引领的服务带动模式:汝州市、伊川县、襄城县、安阳县、西平县、项城市、遂平县、兰考县、宜阳县、宝丰县、桐柏县、罗山县、泌阳县、长垣县、虞城县、夏邑县、正阳县、沈丘县、镇平县、洛宁县、柘城县、新蔡县、汝南县、上蔡县、淮滨县、社旗县、睢县、宁陵县、卫辉市(29个)。

(二)选择结果说明

1. 特色农业为引领的现代农业模式的结果说明

属于特色农业主导的产业集群模式的县域有长葛市、孟州市、邓州市、温县等31个县域,作为以特色农业为主导的县域,必须有特色资源禀赋作为基础以及相应的农业配套措施作为支撑,包括当地农业企业的发展以及农业技术的传承与创新,在产业结构中第一产业比重较大的县域,更加适合作为特色农业主导的县域。

上文中所述的以特色农业为主导的县域中,属于聚类分析中的第二类县域,在农业发展方面具有一定程度的优势且县域境内有能代表自身特色的具有经济价值的农产品,例如固始县的固始皇姑山茶、固始萝卜,唐河县的桐河桐蛋,滑县的道口烧鸡、八里营甜瓜等国家地理标志产品,这些特色农产品通常属于当地特产作物,具有较强的地域性,与一般农作物相比更加优质,有些县域特色农产品已经形成相对较大的生产规模,畅销于国内外市场,而有些只在当地有一定知名度,需要政府积极进行规划引导,整合信息与人力资源,引入现代化农业生产理念,推动培育农业龙头企业的形成,将农业龙头企业作为结构链条中的核心,以"公司+基地+农户"垂直一体化经营方式,并通过土地流转政策和农业机械化使地区的特色种植业形成规模,打造特色农业种植基地,在农产品市场形成竞争力的同时降低农业生产成本,并逐步打通本地市场和网络市场拓宽产品销售渠道,从而拉长产业链,带动当地二、三产业形成以特色农业为引领的产业融合模式,实现农村一、二、三产业融合发展。

2. 农产品深加工为引领的产业集群模式的结果说明

属于农产品深加工为引领的模式中,有博爱县、新乡县、淅川县、舞阳县等12个县域。农产品深加工的发展必然要依托于一定的工业基础和科技能力,对于产品销售和企业发展方面,使这些县域的农产品加工企业往往更加依赖于城市经济。

上文中所选的县域属于聚类分析结果里第三类县域中工业发展公因子得分大于0的县域,这些县大多有工业基础,与附近地级市的距离较近,能够接受来自城市中经济与科技方面的辐射作用,同时农产品的深加工通常需要多个地区跨产业的合作,依托城市周边便利的交通,可以为企业降低经营成本。但目前农产品深加工业普遍存在着产品科技水平含量低、初级加工导致产品附加值低、研发资金投入不足、产品综合竞争力差等问题,农产品加工企业在发展的过程中必须走出一条产业融合与科技创新的道路,农产品加工业与种养殖业密不可分,发掘当地的特色农作物,开发高附加值的加工产品,提升农副产品的综合利用效率,与当地种养殖业形成深度合作,带动第一产业的融合发展;通过开展电子商务等新的销售渠道,积极利用大数据、云计算等新型互联网技术应用到生产、加工、流通、销售的各个环节,提升生产加工效率;重视科技创新对农产品加工业发展的推动作用,不断提高产品的科技水平,深化与科研机构和大学的合作,不断将科研成果转化为实实在在的生产率;积极融合如休闲旅游、教育培训、文化体验等新兴第三产业业态,为产品赋予特殊的文化附加价值。

3. 乡村旅游为引领的消费带动模式的结果说明

属于乡村旅游为引领的消费带动模式的有荥阳市、新郑市、灵宝市、新密市等33个县域。作为以乡村旅游发展为主导的地区,旅游资源和地理区位是发展乡村旅游的关键优势,适合布局在有旅游业发展基础和交通条件便捷的地区。旅游资源方面包括景观资源、生态资源、文化资源等,需要具有明显的地域性和差异性;地理区位方面,由于乡村旅游的主要客源是城市居民,在城市或者大都市圈周边发展的乡村旅游项目往往能够吸引大量的城市游客。

上文中所选择的县域由两部分组成:一是聚类分析中的第一类县域,靠近经济发达的城市且交通便捷,二是境内有多处AAAA级以上景区的县域,依托优质的景区资源适合发展乡村旅游。以嵩县为例,其境内有多个AAAA级风景区,以白云山、天池山等为代表的生态旅游资源和以两程故里、万氏故居为代表的人文资源,使其在乡村旅游开发中具有得天独厚的优势,嵩县距离洛阳市较近且有洛栾高速公路与市区连接,交通便利。当前的乡村旅游发展尚不成熟,依然存在着诸多问题,如经营规划不够明确、模式单一、缺乏创新人才、品牌打造和宣传意识不足等,还需要地方政府和相关职能部门进行积极引导、统筹规划,培育乡村旅游的相关人才,提升旅游开发者和经营者的综合素质与能力,充分挖掘农村深厚的文化底蕴,将当地文化融入乡村旅游的项目中,提升游客吸引力与知名度,加深乡村旅游与传统产业之间的融合,整合农村地区的种养殖业、农副产品加工业以及相关服务业,与乡村旅游项目形成配套,发展成为独具特色的产业链条,从而真正带动乡村经济的发展。

4. 农村电商为引领的服务带动模式的结果说明

属于农村电商为引领的服务带动模式的县域有汝州市、伊川县、襄城县、安阳县等29个县域。农村电商作为拓宽连接市场的方式,相较于城市电商,更适合布局在经济欠发达的农村地区,目前河南省已有95个县域被评为农村电商综合示范县,可见农村电商具有一定的普适性,也作为政府进行精准扶贫的重要手段,可以为许多欠发达地区的中小生产企业与民营企业提供发展机遇。

上文所选择的县域属于聚类分析结果中第三类县域且工业发展公因子数值小于0,这些县域在三项公因子得分中的数值均较低,表明经济发展水平较低且没有明显的特色与发展基础,可以通过农村电商进行渗透,刺激县域内的发展活力,寻找一条适合其自身发展的道路。农产品的上行,提高了产品的附加价值,推动农村一产和二产企业转变发展方式,提高农业发展质量,还能带动当地农产品物流、农产品批发、农业休闲观光等第三产业的发展,在农村地区吸收闲置的就业,增加农村居民的收入。目前河南省当前农村电商的发展还存在着许多尚未解决的问题,主要是农村地区基础设施的不完善,市场监管不到位,缺乏专业的电商人才以及农村电商发展的不平衡等问题。农村电商的发展不仅依赖与国家政策的支持,也依赖淘宝、京东这样的电商平台所提供的信息、技术和资金的支持,需要政府、平台、企业多方合作,完善农村基础设施的建设,加强电商制度保障,还要注重培养电商人才队伍,充分发挥农村电商在促进城乡要素流动、推动产业融合方面的功能。

第六章 共同富裕背景下新型城镇化与县域经济发展

本章以仁寿县的新型城镇化和县域经济的发展为例来进行分析阐述。

第一节 新型城镇化概述

一、新型城镇化相关理论

(一)新型城镇化的概念

新型城镇化,是坚持以人为本,以新型工业化为动力,以统筹兼顾为原则,推动城市现代化、城市集群化、城市生态化、农村城镇化,全面提升城镇化质量和水平,走科学发展、集约高效、功能完善、环境友好、社会和谐、个性鲜明、城乡一体、大中小城市和小城镇协调发展的城镇化建设路子。新型城镇化的核心是人的城镇化、现代化。新型城镇化要坚持从实际出发,因地制宜,结合实际特点制定切实可行的城镇化建设政策,走集约、智能、绿色和低碳的新型城镇化道路,以大城市为依托,以中小城市为重点,逐步形成具有辐射作用的大城市群,促进大中小城市和小城镇协调发展,推动城镇化从速度扩张向质量提升转型。

(二)我国城镇化的主要特点

一是城镇化波动化推进。中华人民共和国成立以来,我国的城镇化进程一般可以划分为1949—1957年高速城镇化、1961—1976年城镇化进程停滞、1977—1992年城镇化水平整体提高、1993年之后城镇化步入快速发展轨道4个阶段。二是城镇化发展滞后于工业化。2021年城镇化率达到64.72%,城镇化水平与经济发展水平基本适应,当前城镇化略落后于工业化。这个现状正在对各产业协调发展、扩大内需、生态环境、城乡统筹以及社会稳定产生不良影响。三是城镇化发展以政府推动为动力。我国的城镇化是由政府发动的自上而下的推进过程,缺乏市场机制的作用和民间力量,加上体制和制度的制约,尽管在过去几十年的时间里城镇化速度极快,超过了世界其他国家,但是我国总体的城镇化水平低于发达国家。四是大城市和中小城镇发展不平衡。在政策的支持下,我国各地的大城市获得了长足的发展,很多中小城市被大城市的发展扩张所吸收,大部分建制镇由于缺少主导产业,规模普遍偏小、城镇功能不健全不完善,基础设施投资成本偏高、使用效率低下,对周边农村地区的带动作用发挥不佳。

(三)新型城镇化发展水平评价体系

与传统的城镇化相比,衡量和评价新型城镇化发展水平不能仅仅采用"城镇人口占比"这个单一的指标,需要更加深入研究新型城镇化的内涵,将城乡均等化、可持续发展、居民生活方式和质量等指标纳入评价体系。

基于现有的研究成果,在理解、把握新型城镇化概念和内涵的基础上,笔者将从城镇化率、产业经济、社会保障、群体心态等4个方面构建新型城镇化发展水平评价体系。

一是城镇化率,这个指标直观反映了新型城镇化的推进速度和城镇化水平的高低。二是产业经济,产业是推进新型城镇化的基础,是城镇化建设的重要支撑。三是社会保障,从社会角度,全面评价新型城镇化的政策配套、软环境建设的真实状况。四是群体心态,新型城镇化必须坚持以人为本,高度关注农业转移人口进入城镇生活的心态和诉求。

二、新型城镇化与县域经济发展之间的关系

(一)新型城镇化的推进为县域经济发展提供支撑

县域经济是国民经济的基础,县域经济的发展涉及各个方面,新型城镇化作为推动经济社会整体发展的一种重要方式,在推动"人、产、城"的

一体化发展过程中,也为县域经济转型提供了强有力的支撑。一是空间支撑。县域经济发展将城镇作为重要的空间支撑,我国新型城镇化的推进范围一般是以县域为单位,本质就是要通过中小城市建设、小城镇建设,不断重塑和优化县域内城乡结构,为县域各类经济主体的发展壮大搭建基础平台,通过构建起新的利益联结空间,调整县域经济发展模式,促进县域经济由过去的粗放型发展向集约型发展转变。二是人力支撑。我国的县域经济从本质上来说,是农村农业经济、人力资源开发对县域经济发展起到关键作用。新型城镇化的核心是人的城镇化,通过城镇化建设不断优化城镇的居住生存环境,通过培育壮大产业创造出更多的就业岗位,各方面配合下提升县域的吸引力,可以吸纳大量的农村人口和外县域人口到县域居住和就业,其中不乏一些科技、金融、规划等高素质人才,为县域经济转型提供优质的人力支撑。三是资本资源支撑。县域经济转型离不开大量的资本、资源支撑,当前在国民经济飞速发展的时代,如何集聚县域资本、资源支撑经济发展,是县域经济转型发展的首要问题,新型城镇化就是集聚全社会资本,提高县域资源配置效率的重要方式之一。新型城镇化通过人口集聚、城镇规模扩大,产生极化作用,促使各类资本、资源向城镇集聚,尤其是大量农村人口进入城镇,通过务工增收、大宗消费等方式,使过去大量散布在农村的资本集中到城镇使用,为县域经济转型提供强有力的资本支撑。

(二)县域经济发展为新型城镇化提供动力

城镇化发展程度与县域经济发展程度紧密相连,县域经济的发展会出现城镇规模扩大、产业发展壮大、农村劳动力转移就业等客观情况,县域经济转型发展为新型城镇化提供动力。一是提升城镇承载能力。从近50余年的历史发展来看,县域经济发展壮大的过程也是城镇化率提升的过程,县域经济发展较快的时候,城镇化速度也越快,县域经济的发展水平决定了城镇化的推进程度。我国新型城镇化的重要特征就是依靠政府推动,政府通过规划手段,按照县域经济的实力和发展趋势,对城镇建设做出规划,合理设置城镇的发展界限、承载人口数量等,增强城镇发展后劲。二是提升城镇公共服务供给能力。县域经济转型发展,县域经济实力的逐渐提升,必然会促使县域内的人口集聚在县域内发展,同时也吸引县域外的人口到县域内发展,人口的快速集聚对城镇公共服务供给能力提出了新的要求。一般来说,县域经济实力越强,就能够投入更多的资金和资源,开展公共服务基础设施和配套服务设施建设,也能够吸引更多的智力、科技、文化资源进入城镇提升公共服务软实力。三是提高城镇就业保障水平。县域经济转型发展的经济基础来源于产业的发展,产业的发展需要通过工业化来实现,县域工业经济的发展带动县域内各种生产要素的重新配置,让各类生产要素向城镇集中,工业的发展进而带动农业和现代服务业的提升,创造大量就业机会。新型城镇化过程中会产生大量的农村转移人口,需要得到稳定的就业岗位,县域经济转型发展创造的就业岗位加强了就业保障。

第二节　县域经济发展进程中城镇化问题分析

一、城市规划落后、基础建设慢,县域经济发展空间支撑力不足

(一)城市发展方向模糊

仁寿县政府驻地文林镇,位于仁寿县域版图中心略偏西位置,向北(成都方向)距离县界37.4千米,向东(资阳方向)距离县界32.1千米,向南(内江方向)距离县界42.7千米,向西(眉山中心城区方向)距离县界15.5千米,单纯从县城到四至县界的距离来看,县城区更易于接受来自眉山中心城区的辐射,而对县域南部区域的辐射力有限。

长期以来,仁寿县在发展方向上一直存在着融入眉山发展和融入成都发展方向的争论。由于龙泉山脉的阻隔,过去仁寿县连接成都的只有国道G213线,道路建设标准不高、里程较长、车流量较大,导致通行效率不高,更多的群众选择先到眉山中心城区,通过成乐高速公路再到成都,加之眉山中心城区作为眉山市政府的驻地,融入眉山发展的呼声较高。

随着交通建设的突破,成赤高速公路、天府大道南延线的相继建成通车,仁寿县可以更快更方便地从县城区直达成都市区,融入成都发展的呼声逐渐增大。但作为中国式新型城镇化的推动主体——政府,面临着行政层级管理和实际发展需求的矛盾,没有形成完全一致的意见,发展方向不明确,导致县域内的城镇化建设一直处于方向不明确的无序状态,不能集中资源发力,推进缓慢。

(二)城市新区规划建设落后

仁寿县城市规划设计起步比较晚,在近十余年的时间里,城市规划理念才逐渐进入城市建设的范畴,成为"规定动作",之前的城市建设一般只在范围较小的一块区域或者临近几块区域做规划,很少对整个城市的居住、商业、产业、交通、医疗教育等功能分区进行通盘考虑、详细设计,整个城市建设更多处于一种较为无序的状态,临时变更规划的情况经常存在,对整个城市建设风貌等造成难以挽回的损失。

由于规划设计者的认识局限、历史发展局限性、当时的物质条件制约等因素,仁寿县城所做的建设规划缺乏专业性、前瞻性和可持续性。不同时期城区新区做的规划标准不一,与旧城区衔接的街道规划较为简单狭窄,一般市政道路红线控制在10米之内,设置双向两车道,道路两旁没有预留绿化用地,城市住宅和商业用房直接沿街建设,且对于建筑物的外观没有进行风貌控制,沿街建筑物风格五花八门、高矮参差不齐。很多历史建筑物、棚户区、工矿厂区等,在没有得到先期规划和改造的情况下,直接在旁边修建新的建筑物,直接造成新老建筑物交错衔接,也为未来进行城市改造留下隐患。按照现行的《仁寿县城市总体规划(2011—2030)》,仁寿县城新区规划总面积20平方千米,按照人均15.41平方米的标准修建市政道路,街边均预留了足够的绿化用地面积,按照组团式的要求,对居住区、商业区、教育医疗区、休闲绿地区等功能区域进行了详细的规划和区分,特别是对沿街建筑物的建设风貌进行了明确规定。同时,也客观造成了新城区和旧城区"一边是欧洲、一边是非洲"的强烈反差,空间结构十分混乱。

仁寿县现行的城市规划也存在滞后性,不能满足长时间的城市建设需求。按照《仁寿县城市总体规划(2011—2030)》,仁寿城市性质定位为成都平原城市群县域中心城市,规划控制目标为,到2030年,城市规划人口50万人,建设用地规模47.2平方千米,城市终极人口规模80万人。按照目前的速度快速城镇化,预计在10年内,县城区就将突破极限建设用地规模和人口规模,再往后县城区将陷入无处发展的困境。

(三)城镇新区基础差,开发水平低

得益于丰富的自然和矿产资源,在区位较好、交通便利的地区,仁寿县先后发展起了文宫镇、视高镇、清水镇、富加镇、汪洋镇等人口在3万到5万人左右的较大乡镇,成为周边乡镇的经济、交通、物流中心。

城镇新区起点低,均是在原乡镇场镇的基础上直接进行扩建。在规划编制上,缺少专业的指导,不能将城镇建设与产业经济发展、公共服务配套、道路交通接入等进行较好的衔接,规划欠缺科学性和前瞻性。直接导致目前的城镇新区建设往往只是画了一个城镇框架,而城镇基础差、设施薄弱、空间结构差等突出问题并没有改变,城镇新区规划建设的道路宽度不能满足长远发展需求,产业发展区域与居住生活区域混合,对城镇公共服务配套实施投入不足,公园、绿化等城镇公共设施建设少、面积小,缺少现代城镇的品质感和舒适度。

二、乡镇发展落后、辐射带动弱,县域经济内部发展不均衡现象突出

(一)乡镇过多量小,缺少中心带动弱

仁寿县境内地貌以丘陵为主,龙泉山脉从东北走向西南斜贯县境,荣威山脉矗立南端,呈现出"两山夹三丘"的地貌特征,城镇化建设难度大,综合管理比平原地区层面更宽、总量更大、行政运行成本也更高。1984年仁寿县域内总共设置了132个乡镇,为了便于工作和加强管理,在县、乡之间分别增设了13个区公所。2005年大规模开展乡镇撤并工作,将110个乡镇减少到60个。即便60个乡镇,也普遍存在行政管理层级过多、职能交叉混合、管理界限模糊、城乡状态分割等突出问题,影响了行政管理效率,制约了县域经济发展。

仁寿县纳入眉山市重点中心镇建设规划的乡镇仅有5个,仅占全市14个重点中心镇的35.7%,与仁寿县的总人口数量占全市的比例没有形成正相关关系,从侧面反映目前仁寿县不少建制镇仍然是传统的集市和场镇,乡镇规模较小,产业集聚度不高,辐射带动作用不够突出,汪洋镇、龙正镇等重点中心镇,随着国家环保政策收紧、供给侧结构性改革的逐渐深化,建立在过去高耗能、高污染产业基础上的城镇经济开始松动,对当地农民进城入镇吸引力下降。

(二)乡镇普遍同质,千篇一律无特色

全省丘陵县域地区除了白酒、茶叶、食品等在全国名气较大之外,大多数县域"小而全、大而全"的问题仍然突出,传统农业在多数县仍然占据主导地位,产业结构高度趋同。仁寿县作为农业主产区,长期以来,经济过分依赖农业。辖区内的60个乡镇在地貌特征、土壤、气候和植被等方面大体相似,县域经济发展基础和条件基本一致,农业生产发展条件和以农业为基础的工业结构也大致相同,所形成的主导产业存在一定的差异,但这种差异并不大。

仁寿县的主要农产品大体上可以划分为"粮、果、蔬、花"等四个类别,养殖业大体是生猪、兔等家畜类和鸡、鸭等家禽类。由于受到丘陵地区地形地貌、农业基础设施薄弱、承包经营期限等因素的影响,仁寿县农业产业化组织程度不高,全县85%以上的种养殖业还处于一家一户的传统小农式经营,规模小、效率低、效益差、产品流通难。加之农村农业科技推广应用滞后,新技术、新机制、新模式普及不到位,传统的种养殖户只知道开展基础的种植养殖业务,对于开拓新市场、农产品深加工、品牌塑造等基本不关心、不了解。大部分农业专合组织的市场桥梁作用发挥不佳,一般只开展生产环节的技术指导和服务,自身的经营能力和发展能力较弱。

尽管仁寿县培育了文宫枇杷、曹家梨、张三芝麻糕、黑龙滩水产等特色产品,但是受制于全县没有超大型农业产业化龙头企业,缺乏流通和外运中枢、大型农业冷链物流公司,农产品保鲜储运能力极低,农产品从田间地头采收之后,大多数都以鲜销的方式进入流通环节,初加工和包装销售产品附加值低,缺少仁寿地域品牌。总体上来说,由于缺乏龙头企业的牵引和整体性的营销推广,乡镇产业规模较小、名气不足,拿不出叫得响、立得住、传得开的特色品牌。

(三)乡镇服务滞后,服务农村效果不佳

仁寿县的乡镇公共服务机构是以行政化的模式在推进,县上相关部门统一规定了建设模式、基本内容等,到底什么是乡镇公共服务机构、乡镇公共服务机构建设要达到什么样的目标、乡镇公共服务机构建设的内容包含哪些具体方面、如何推进乡镇公共服务机构建设等问题,上至县上相关部门,下至乡镇,都没有明确的建设思路。

实际建设中,相关部门对于进乡镇挂牌子、向乡镇下任务的积极性很高,但没有从"一盘棋"的高度正确看待乡镇公共服务机构工作,缺乏常态化研究指导乡镇公共服务机构工作,乡镇公共服务机构缺乏一整套行之有效的管理办法和措施。有关部门进入后独立发展,部门之间未形成协调统一的规划建设机制,欠缺合力,乡镇公共服务机构建设成为乡镇工作的"独角戏"。

随着财政保障制度的日趋完善,乡镇公共服务机构的建设资金得到了有效保障,服务能力得到了显著的提升。在实地调查中,不少村民表示,虽然现在乡镇公共服务机构的服务能力较过去相比有了极大的提升,硬件设施上来了,但是提供的服务都是一样的,和实际需求不相符合。比如,有的乡镇大部分人口已经移居城市,花了很大力气建成的便民服务中心无人办事、文化体育中心无人活动、农民培训中心无人培训。有的乡镇卫生院建设标准高、设施齐全,但是不符合村民的就医习惯,村民更愿意到县城医院就诊或熟识的本地诊所就诊,造成资源浪费。

乡镇公共服务机构的工作人员一般仅有2~3名,多数是由乡镇政府工作人员兼任,工作业务繁杂。在实地调查中,广大农村群众普遍反映,乡镇公共服务机构工作人员不足,文化程度、专业水平参差不齐,在上岗之前没有开展统一的专业培训,部分工作人员知识更新较慢,缺乏主动意识和创新精神,驾驭工作的能力不足,沿用行政管理手段开展服务工作,与农村群众接触少、交流差,对于上级部门制定的政策和安排部署的

任务,完成效果较差。

三、产业发展落后、解决就业难,县域经济总体发展水平不高

(一)工业底子薄体量小,提供就业岗位少

仁寿县域内部形成了天府新区仁寿视高园区、文林工业园区、汪洋循环经济园区、富加工业园区等四大园区。

仁寿县依托资源利用型工业体系,培育了铁马焦化、四川建冶耐材、汪洋瓷业等龙头企业,主要工业产品有煤化工、水泥、地砖、日用瓷等20多个类别,市场上同类产品种类多、数量大,仁寿产品精深度还不够,市场竞争力不强,极易被市场取代。仁寿周边的峨眉、夹江、丹棱等地存在体量、技术等优势,水泥、瓷砖等主要工业产品对仁寿形成强大冲击,本地企业经营状况堪忧、扩大规模困难,难以形成稳定的就业岗位增量。

随着供给侧结构性改革的加快推进,要求工业发展从数量转向质量,在如此的大背景下,仁寿的资源利用型传统工业备受冲击。仁寿县启动了整体退出煤炭行业、化解过剩产能工作,先后依法关闭汪洋煤矿、石龙桥煤矿、复合煤矿、联合煤矿、大洪煤矿、红光煤矿等6家煤矿,全县实现煤炭行业整体退出,大量产业工人需要安置,挤占了现有的就业岗位。

天府新区仁寿视高区域,直接纳入了天府新区核心区,享受诸多优惠政策,通过近几年的招商引资,已经发展了一些高端装备制造、新能源新材料及制品等现代产业,但目前处于产业发展初期,缺少在全国、全省技术领先、品牌响亮、市场份额大的龙头企业支撑,尚未形成经济规模效应,提供的就业岗位不多。

(二)城镇传统服务业,拉动就业弱

第三产业占国民经济的比重,在一定程度上代表了一个国家或地区的经济发展水平,第三产业比重偏低也是仁寿县域经济发展的最大短板。仁寿县的第三产业主要集中在县城区和十余个中心乡镇,主要业态是商业服务业、初级物流服务业、基础家政服务业等,在整个国民经济中占比很小。

伴随着城镇化的快速推进和新城区的建设,仁寿县在巩固老城区怡和春熙步行街、美好阳光商业街等特色街形成的核心商圈的同时,积极推进城北新城服务业集聚区建设,建设完工中铁仁禾广场、中央国际广场、TCC财富中心等商业综合体,提供集购物、餐饮、娱乐、文化、休闲"一站式"商业体验,为县城现代服务业发展奠定了一定的基础。

然而,仅有商业服务业的繁荣,还不能明显地提升服务业的就业吸纳能力。目前,仁寿县域第三产业主要集中在传统服务业,受制于农业和工业发展水平等诸多因素,与现代农业和工业配套的现代物流、信息数据等现代服务业尚未形成。一是仁寿县服务业虽然发展速度很快,但始终落后于工业经济增长速度。二是交通运输、批发零售等传统服务业仍占较大比重,服务业内部结构不够优化。三是仁寿县的城乡居民消费仍以实物类商品消费为主,服务类消费比重较小,消费基本停留在基础型消费方面,智力服务、养老服务、信息服务等享受型消费不普遍,消费拉动就业能力较弱。

四、城市功能落后、配套服务差,县域经济发展人口集聚力不强

(一)优质配套资源不足,难以满足市民需求

仁寿县大力发展教育事业,教育教学质量得到了显著的提升,在整个眉山市排名前列,在近几年的中、高考中,仁寿县考生拔得全市头筹,从侧面反映了仁寿教育事业发展成绩。

虽然仁寿县的教育事业取得了长足的进步,在实地调查中得知,尤其是在市民普遍关心的基础教育方面,仍然存在着较大的差距。目前,仁寿县仅有仁寿县第一中学是省一级示范性普通高中,仁寿县铧强中学是省二级示范性普通高中,仁寿中学、仁寿县华兴中学、仁寿县清水中学等3所学校是市级示范性普通高中,仁寿县第二中学是县级示范性普通高中,还没有省内外优质教育集团入驻仁寿修建高水平民办基础教育学校。广大市民为了子女接受高水平的教育,纷纷将子女送到成都、绵阳、东坡区等县域外教育发达地区读书,有的甚至在子女教育地购买房产入户,直接造成仁寿高素质市民人口的流失。

　　与教育资源一样,不能满足市民需求的还有医疗资源,目前,仁寿县仅有仁寿县人民医院是三级乙等综合医院,仁寿县中医院是三级乙等中医医院,仁寿县中鑫医院、仁寿县妇幼保健院、仁寿县第二人民医院等3所医院是二级以上医院,优质医疗资源完全不能满足仁寿县城近40万城市人口的需求,"就医难""看病难"现象非常突出,更谈不上辐射全县100余万农村人口。

(二)新城区人文环境差,市民缺乏归属感

　　借助社会生产力的发达和科技进步,城市经济实力不断增强,促使人们的物质生活有了很大的提高和改善。人们的精神生活追求和欲望也越来越强烈,城市人文环境的地位与作用越来越引人注目,逐渐成为一个地区自信力、凝聚力和创造力的重要源泉,直接形成了城市竞争力,为城市发展提供了精神支柱和强大内在力量。

　　仁寿始建于秦,迄今已有1500余年的置县历史,其间产生了"伟哉虞公,千古一人"的南宋抗金名相虞允文、五代"花间派"词人孙光宪、北宋末年中书侍郎何栗、近现代爱国将领潘文华、"东方梵高"石鲁、著名画家冯建吴等知名人物,也孕育了忠孝文化、黑龙滩精神等仁寿特色文化。

　　当前,即使更加注重城市人文环境,但在经过精心规划设计的新城区,仁寿的特色文化在城市建筑上的体现较少,没有投入较多的精力开展城市文化固态塑造,充满城市人文环境的配套设施建设不足,整体还是和其他城市一样的"钢筋水泥"风格。参与调查的市民普遍表示,现在的城市没有明显的人文符号,个人感情上对城市没有寄托,走到哪里都是一样的。

(三)外来群体投机炒房,影响本地经济发展和群众生活

　　仁寿县向北紧邻成都,与成都直接接壤的视高镇被纳入天府新区核心区,距离兴隆湖仅20千米,随着天府大道南延线通车到视高镇,极大拉近了成都到仁寿的地理距离和人们的心理距离。加之成都的住房限购政策、成都天府新区直管区无房可售的现状,视高镇成了成都人购房的最新目的地,直接拉高视高镇房价,甚至影响了仁寿县城区的房价,投机炒房问题由此产生。

视高镇辖9个社区居委会,人口5万人,规划面积50.4平方千米,可利用建设面积46平方千米,是一个以小镇为基础开始建设的城市新区,房地产项目主要集中在天府大道南延线东侧的城市起步区内,整个区域占地面积约2平方千米。在实地调查中得知,2017年以来,保利、金科、恒大等大型房企相继在视高镇拍买土地,同期在建楼盘达到10余个,开发占地面积超过800亩。

通过研究视高镇房地产项目客户,存在三大客户群体,一是本地客户,二是产业导入客户,三是成都投资客户。视高镇工业发展迅速,本身存在一定的产业客户支撑,但是多数为产业工人的蓝领阶层,收入有限,本地群众客户很难接受7000元/平方米的房价,天府新区成都直管区产业发展刚刚开始,成都的产业客户外溢尚有待时日。在视高镇购房的还是以成都投资客户为主,占比达到了80%以上。成都的投资客户本身并不在视高镇居住和消费,不能为视高镇的现代服务业发展做出贡献,无人无消费,城市经济发展缓慢。成都投资客户强大的购买能力和购买行为,直接推高了视高镇的房价,导致本地群众、产业工人面对高房价无力购买,房价的上涨还间接拉动了本地物价的上涨,影响了本地群众提高生活质量,人们对此怨声载道。

五、城市管理落后、特殊人群多,县域经济发展社会稳定基础不牢

(一)农村留守人口普遍老龄化低龄化,管理服务薄弱

在农村劳动力大量外流的大背景下,农村地区呈现出农村留守人口老龄化和低龄化的特征,在深入仁寿县乡镇的调查中,赶集日集镇60%以上的流动人口均为60岁以上的老年人,农村留守老年人平日从事简单的农事活动,闲暇时间则通过自发相互聚拢打牌、闲聊等方式消磨时间,农村留守老年人在管理服务上存在一些真空。

一是生活自给无人照顾。农村留守老年人在农村基本上以户为单位独居,子女一些早已进城购房居住、一些外出务工无暇照顾,农村留守老年人如果身体健康,尚且能够独立生活,如果身体欠佳,生存能力将急剧恶化。二是农村社区服务跟不上。目前农村社区仅提供户籍、代办等最

基本的服务，绝大多数的农村社区没有建设老年人日间照料中心，不能向农村留守老年人提供相对专业的服务。三是精神贫乏生活空虚。农村留守老年人的精神生活主要依靠自建的圈子，集体娱乐活动组织较少、方式单一，加之平时与子女交流较少，精神生活较为空虚，容易产生一些偏执情绪和过激行为。

在农村留守老人增多的同时，由于父母外出务工，将大量的子女留在农村，由祖父母代为照看，农村留守儿童问题也日益突出。一些留守子女的祖父母本身就缺乏监护能力，所在村（社区）没有及时指定监护人，留守儿童无人监护，不能促使其接受良好的教育，为今后的发展埋下隐患。

（二）"新市民"群体日益增多，融入城市困难

数量庞大的农民通过征地拆迁、进城务工等途径进入城市，成了市民或者"被市民"。在实地调查中，仁寿县城区50%以上的安置群众表示，习惯了过去在农村的生活方式，短期进入城市生活，自然难以融入城市的生活和文化，除了过去建立起来的社会关系网络，在城市构建新的社会关系网络困难，自身非自愿的被城市生活边缘化，没有得到预期的幸福感和归属感。"新市民"在价值观念、生活方式、消费观念等方面均需要常态化的引导，比如一些思想封闭的农民，相对缺乏公共秩序意识、效能意识、竞争意识、契约意识、法律意识等，难以适应高效率、高竞争、重契约轻人情等城市社会的"自然法则"。

仁寿县出于快速安置、建设成本等因素，长期以来沿用集中建设安置小区的模式进行安置，集中建设安置小区的安置过程，实际上是将广大安置群众从之前居住生活的地方，集中搬迁到新的地方居住生活，之前的邻居成为现在的邻居，没有新的社会关系加入，转移人口基本以同样的形态再次形成了聚集，并逐步形成了一个全新的诉求群体，这个群体有着同样的生活变迁历史、同样的生活方式、长期形成的感情网络，已经产生了一些新的社会矛盾和尖锐问题。

第三节　新型城镇化促进县域经济发展的客观条件及案例分析

一、现有有利客观条件

(一)区位条件:成都空间拓展带动

成都市作为省会城市,人口达1500余万人,2021年地区生产总值就达到了1.99万亿元,是西部内陆地区经济发展水平最高的城市之一,强大的经济实力对全省乃至整个西南地区都具有辐射带动能力。

仁寿县位于成都市的正南方向,县城区距离成都市中心仅50千米,区位优势得天独厚。成都市为加快建设国家中心城市,提出了建设成都大都市区的构想,将仁寿县域全部纳入其中。按照成都市"东进南拓西控北改中优"的城市建设思路,仁寿县在交通建设、产业对接、资源利用、生态保护等方面,正逐步实现与成都的同城化发展,通过建设新城区与成都直接融入,以最大的空间和姿态接受成都的辐射带动,促进县域经济发展。

(二)资源条件:自然生态资源丰富

仁寿县处于成都平原地区与川南丘陵地区的交界地段,气候温和湿润,年均气温17.4℃,年均降雨1009.4毫米。主要地表水有椑江、越溪河、龙水河、通江河、清水河等,沿龙泉山脉东西分流,汇入岷江、沱江,年平均径流量9.89亿立方米。县域矿产资源丰富,原煤储量2亿吨,发热量5600大卡,石灰石、石英砂、膨润土等矿产资源储量过亿吨。黑龙滩旅游景区以黑龙滩水库为核心,辖区面积180.6平方千米,湖面23.6平方千米,为国家饮用水源一级保护区,水质优良。周边森林植被保存良好,植被覆盖率98.4%,森林覆盖率67%。

仁寿县依托丰富的自然生态资源、业已形成的黑龙滩旅游景区开发建设,积极规划建设一批具有一定体量的特色小镇,以求进一步优化县域新型城镇化布局,有效带动周边地区经济发展、人口流动、提升公共服务等。

(三)经济条件：经济规模效益显现

仁寿县地区生产总值突破300亿元大关、地方一般公共财政预算收入突破20亿元大关、工业总产值突破500亿元大关,县域经济发展到了一个重要临界点,经济增长能级实现跃升,经济将呈现出加速发展的态势,正向着产业结构相对合理、市场经济运行有序、社会需求逐步旺盛、开放合作更为广泛的阶段发展,仁寿县域经济进入了转型发展的重要机遇期。

随着工业化、信息化、城镇化、市场化、国际化相互交织深入发展,推动区域经济、产业分工和经济结构调整不断向更高层次发展,特别是新型工业化、新型城镇化和农业现代化同步加快推进,将为县域经济转型加速发展提供强大动力,仁寿县域经济发展将进入持续、快速、良性的发展轨道。

(四)政策条件：多项政策优势叠加

仁寿县是四川天府新区重点县,视高镇全域纳入四川天府新区核心区,除此之外,清水镇、兴盛镇、文宫镇、整陵镇、高家镇、观寺镇6个乡镇、314平方千米成为四川天府新区协调管控区,随着四川天府新区上升为国家级新区,仁寿县迎来了政策支持的重要机遇期。天府新区升级的政策利好消息将在今后一段时间内加速项目、资金、人才涌入仁寿县,从而拉动县域经济新的增长。

仁寿县距成都天府国际机场30千米,紧邻四川自贸试验区,随着成都天府国际机场的开工建设,四川逐步成为西部开放的枢纽和门户。同时,四川自贸试验区可以充分发挥对标国际、制度创新和先行先试的优势,以"开放红利"激活"改革红利",推动全面创新、新型城镇化、创新创业等各项改革在优化机构、拓展深度和转换动能上取得新突破。

二、主要制约客观因素

(一)劳动人口大量外流

仁寿县户籍人口154.04万,虽然户籍人口众多,但是本地劳动人口大量外流,据统计,仁寿县常年在县外务工农村劳动力达到了40余万人。一是农村劳动力饱和。仁寿县作为丘陵县域地区,耕地资源紧缺,人均耕地面积少于全省平均耕地面积,加之小农生产具有风险较大、效益低、收入少等局限性,无法通过农业生产获得足够的收益,大量农村人口只能进入城镇务工提高收入。二是城镇无法解决足够就业。仁寿县虽然已经建立起了工业和城镇服务业就业体系,但总体上作为农业大县、农业经济占据主导地位的本质属性没有改变,提供的社会用工数量偏少,由于县域经济发展水平不高,整体务工收入不高且增长缓慢,导致大量人口到仁寿县以外的经济发达地区务工。三是成都市"虹吸效应"明显。由于成都的区位、经济实力、配套能力等具有极强的吸引力,入驻了很多世界500强、中国500强等大企业、大集团和产业链上下游的优质企业,产业集群效应已经形成,随着交通区位的改善,对仁寿县高素质人才、一般务工者等都具有极强的吸引力。

(二)发展资金捉襟见肘

长期以来,东部沿海、中西部平原等经济发展条件较好的地区,得到了各类发展建设资金的集中投入,西部地区、丘陵县域地区等由于区位不占优势、工业经济起步较晚等原因,获得各类发展建设资金的渠道和手段都较少。

金融融资是补充地方财政不足的有效途径,据统计,仁寿县2017—2018两年的政府类直接融资需求将达到80亿元,由于县域经济的带动辐射力不足,县域内金融业发展严重失衡,存贷比仅有40.3%,资金外流近300亿元。在城镇化建设中,比如城市绿化、市政道路、城市公园等基础设施项目,本身具有公益性,很难从中产生利润,直接导致县域内的银行对该类别的项目意向性不高,不愿意发放贷款。

在新型城镇化滞后和财政资金有限的实际情况下,政府把大量的财政资金用在了城市建设和发展之中,忽略了对城市产业支撑的扶持,导致城市形象工程很多,而产业发展无法跟上,产业发展不足直接导致了县域经济发展落后。

三、主观决策影响情况——规划案例分析

长期以来,在体制机制、经济社会、历史沿革等综合因素的影响下,我国的县域经济、新型城镇化、新型工业化等主要推动主体一直是各级政府。规划作为政府开展公共管理最基础、最重要的手段,是在各级政府的主导之下,由各类智囊机构主观意识的综合反映。推进新型城镇化的最重要前提,一般是制定该区域的《城市总体规划》《控制性详细规划》等,按照规划划定的红线和建设要求开展城镇化建设。通过对新型城镇化规划、实施规划取得效果的综合分析,进一步明确各级政府对新型城镇化决策和推动的主体作用,印证新型城镇化对县域经济发展的支撑和促进作用。

结合仁寿县实际,仁寿县城区和天府新区视高片区是未来仁寿县发展县域经济和推进城镇化的主引擎,以下选取《仁寿县城市总体规划(2011—2030)》和《天府新区视高片区控制性详细规划与城市设计》作为案例,围绕与人的城镇化有关的指标展开分析。

(一)规划概述

《仁寿县城市总体规划(2011—2030)》和《天府新区视高片区控制性详细规划与城市设计》编制设计单位均为四川省城乡规划设计研究院,牵头委托单位分别是仁寿县政府、眉山市政府,编制完成时间分别是2013年5月和2012年6月,规划期限分别是2011—2030年和2013—2030年。

由此可以得知,一是客观条件相同,即两个规划的编制工作时间、规划期限都基本相同。二是编制者主观影响相同,即两个规划的编制设计单位相同。三是编制外部影响不同,即牵头委托单位分别是县级政府、市级政府。综上所述,以上两个规划具有可比较性,分析结果具有客观性。

(二)相关指标分析

新型城镇化是"以人为本"的城镇化,当前以新型城镇化促进仁寿县域经济发展的主要制约客观因素是"人、地、钱"三大因素,在规划中,一般只反映"人"和"地"这两个因素,而且用地布局规划是每个子规划的基

础条件,因此选择与人的城镇化密切相关的用地指标数据进行分析。指标数据均取上限,即2030年的预期规划数据。相关指标见表6-1。

表6-1 《仁寿县城市总体规划(2011—2030)》和《天府新区视高片区控制性详细规划与城市设计》相关指标

规划	人均用地指标	公共管理服务用地占比	绿地率	路网密度
《仁寿县城市总体规划(2011—2030)》	94.59平方米	10.01%	15.57%	4.55千米/平方千米
《天府新区视高片区控制性详细规划与城市设计》	127.98平方米	11.89%	15.50%	7.6千米/平方千米

由此可以得知,人均用地指标方面,仁寿县城区比天府新区视高片区低了33.39平方米,是后者的73.91%;公共管理服务用地占比方面,仁寿县城区比天府新区视高片区低了1.88个百分点;绿地率方面,仁寿县城区比天府新区视高片区高了0.07个百分点;路网密度方面,仁寿县城区比天府新区视高片区低了3.05千米/平方千米,是后者的59.87%。综上所述,在规划方面,《天府新区视高片区控制性详细规划与城市设计》在人的城镇化相关的用地指标数据方面,全面占优,天府新区视高片区的人均可利用土地面积更多,对城镇生活体验感更好,也为未来城镇化建设预留了空间。

综上所述,在编制规划客观条件、编制者主观影响相同的情况下,新型城镇化在规划编制和规划实施效果上,出现了明显的不同情况,归结起来,就是编制外部的影响在起作用。实际运行中,由于我国行政体制机制的特殊性,上级政府对下级政府的影响巨大,省、市、县三级政府在公共管理政策和实施上一脉相承,新型城镇化的决策和推进也是如此。因而,新型城镇化滞后,在决策主体方面是省、市、县三级政府共同出现了问题。

第四节 以新型城镇化建设破解县域经济发展难题的现实实践

一、提升城市规建水平，做强县域经济发展基础支撑

县域经济的发展壮大要以工业化为主导、发展产业经济为支撑，工业和其他产业经济的发展离不开城镇的支撑，推进新型城镇化，加快建设完善与发展县域产业经济相适应的城镇体系和基础设施，为促进县域经济发展提供坚实的基础。

（一）规划富加县城新区提升容量，建设县域经济发展龙头

县城区，作为县域经济社会发展的龙头，已经成为当今世界最重要的空间现象和经济现象，是区域产业结构演变和社会经济发展的历史产物，成了县域发展的要素配置中心、产业扩散中心、技术创新中心和信息流转中心，县城的建成区范围、人口数量、产业经济、社会服务等情况，是衡量一个县域城镇化发展状况的重要指标。提高县城区的首位度，就是增强县城区的辐射带动作用。

文林镇是仁寿县城区，是仁寿县经济社会发展的中心和龙头，也是推进仁寿未来经济社会发展和新型城镇化的主引擎。随着仁寿县域经济的迅速发展和城镇化进程的快速推进，仁寿县城区也逐步建设扩大，县城区的发展越来越受到规划、资源和环境的制约，核心竞争力和辐射带动能力日益减弱，需要通过拓展县城区发展空间、发展战略性新兴产业和现代服务业、提升城市品质和公共服务等提升县城区首位度。按照《仁寿县城市总体规划（2011—2030）》，目前县城建成区面积和人口已经远超发展规划，从仁寿县实际出发，可选择临近县城区、具有一定城镇化基础、已经形成大量人口集聚的乡镇作为县城新区。富加镇位于仁寿县城区东南方向，距离县城区10千米，人口14.6万人，城镇建成区面积15平方千米，具有建设县城新区的基础。

推动县城区和县城新区相向发展。调整县域城市总体规划，明确县城区向东南方向发展、富加镇向西北方向发展的主体思路，以省道S106

线为主轴,制定10年期新型城镇化推进计划,加大公共资源集中投入力度,优先安排建设各类基础设施和公共服务配套设施,加快实现县城建成区和县城新区建成区的对接。

建设快速通道缩短城区间距离。目前,县城区和富加镇之间可通过G4215蓉遵高速公路、省道SI06线两条干线公路实现通达,但是由于高速公路的收费性质和省道标准较低,不能成为两个城区之间快速通道的首选。新规划建设方面,可建设县城区至县城新区的城市快速通道,按照双向6车道以上的标准设计,将两个城区之间的时空距离压缩到10分钟车程之内。改造提升现有通道方面,实施省道S106线县城区至富加镇段扩能改造工程,提升通行能力。加强与高速公路运营公司合作,采取降低或减免县城区至富加镇高速公路通行费用的方式,提高高速公路利用率。

主动对接成都接受辐射带动。制定完善仁寿县全域对接成都综合交通枢纽建设规划,加快构建县域北部通过成仁城市快速路直连成都、县域东部通过G4215蓉遵高速公路等直连成都、县域西部通过眉山至成都快速路直连成都、县域南部通过S40遂资眉高速公路等直达成都的综合交通网络,重点推进成都经济区环线高速公路、成宜高速公路、天府大道南延线仁寿大道、红星路南延线仁寿段、仁简快速通道建设,积极对接天府新区轨道交通1号线(TF1)至眉山、至仁寿延伸线,融入成都"半小时经济圈",把仁寿建成成都以南重要交通枢纽节点城市。

(二)高品质建设视高产业新城,打造县域经济新增长极

2014年,四川天府新区获批成为国家级新区,成为中国第十一个国家级新区。2017年12月,省委十一届二次全会将天府新区建设确定为"四项重点工程"之一,作为引领四川发展的"百年大计"。仁寿县视高镇全域纳入四川天府新区核心区,位于四川天府新区中轴正南端、仁寿县北部,规划面积50.4平方千米。产业新城与传统产业园区在城市空间和功能建设方面有明显区别,主要体现在产业发展程度、基础设施建设、公共服务水平、人口集聚以及生活宜居性。建设视高产业新城,要在拓展空间领域、发展产业经济、完善城市功能等3个方面下功夫。

统筹规划建设新城。成都作为全省的首位城市,不论是经济体量,还是各项社会事业,都对周边地区形成了强大的虹吸效应,周边地区必须做好规划,借助紧邻成都区位优势,做好错位发展的大文章。天府新区视高片区与天府新区成都片区直接接壤,直接接受成都的辐射,在规划上要加强成都东进、南拓区域规划和天府新区视高区域及其协调管控区相关规划与成都市区对接,以《四川天府新区总体规划(2010—2030年)(2015年版)》为指导,编制完善天府新区视高片区总体规划和各专项规划,加强与天府新区成都片区在交通、产业、教育医疗、社会保障等各方面的协调对接,加快实现与成都产业同链、基础同网、区域同城,促进产业新城一体化发展。

产业支撑提升后劲。建设视高产业新城,必须发展繁荣产业经济。按照《四川天府新区总体规划(2010—2030年)(2015年版)》确定的产业规划,做好产业分区规划和产业功能区建设。依托天府新区的金字招牌,加大产业招商引资力度,围绕机械制造、电子信息、农副产品深加工等重点产业招强引优、宁缺毋滥。建设一流的投资环境,赋予视高镇市级经济管理权限,设立行政审批代办中心、"一费制"缴费中心、金融"一站式"服务中心,设立专项发展资金,对土地年度利用计划实行单项管理,加强水、电、气、路、信等基础设施保障。制定人才引进的特殊优惠政策,对紧缺急需的高层次、高技能人才,给予住房、户籍、就医、子女入学等优惠政策。

辐射周边带动发展。按照《四川天府新区总体规划(2010—2030年)(2015年版)》,编制《天府新区协调管控(仁寿片区)总体规划》,制定完善兴盛镇、清水镇、文宫镇、鳌陵镇、高家镇、观寺镇等涉及乡镇的总规、控规,对协调管控区的乡镇产业逐一进行剖析,找准与视高镇产业的结合点,带动协调管控区乡镇产业发展,促进农村人口向视高产业新城聚集,建设成为天府新区视高片区的协同发展区和支撑发展区,建设宜业宜游宜居的城镇空间和农旅环境,为视高产业新城建设提供服务与配套设施,提升视高产业新城的辐射能力。

（三）创新用地和融资模式，加强县域经济发展和新型城镇化保障

《国家新型城镇化规划（2021—2035 年）》明确提出，提升城市群一体化发展和都市圈同城化发展水平，促进大中小城市和小城镇协调发展，形成疏密有致、分工协作、功能完善的城镇化空间格局。

认真编制城镇化建设土地利用总体规划。按照"合理布局、科学规划、规模适度、注重实效"的原则，科学制定仁寿县新型城镇化建设土地利用总体规划，高标准、前瞻性制定县城区、新城区土地利用规划，特别注重将重点镇全部纳入土地利用规划体系，实现土地利用总体规划、城乡发展规划、产业发展规划、主体功能区规划等各项规划融合衔接，优化用地布局，加强空间管控，切实提高用地效率。

坚持节约集约利用土地。学习借鉴浙江省、江苏省等发达地区土地利用先进经验，树立"亩产论英雄"的理念，有效发挥政府的宏观调控功能，探索把税收、用电、用水、财政支持等要素配置与工业企业亩均综合效益挂钩，科学控制用地规模，不断优化和集约城镇、产业、交通、公共服务等用地布局。借助成都市的公共资源，探索成都和仁寿两地接壤区域的公共服务设施共建共享，推进"天上"和"地下"空间开发利用。强化土地供给方面的市场作用，树立"向存量土地要增量"理念，探索低效用地二次开发办法，引导传统企业"腾笼换鸟"发展战略性新兴产业，下大力气开展旧城镇、旧工厂、城中村、空心村等改造，整合土地资源，分类处置和消化存量用地，进一步提高存量土地的利用效率。

多渠道筹集城镇化建设资金。放宽准入限制，在不影响国家安全和市场能够有效配置资源的前提下，对有较好投资回报率的城镇基础设施与公共设计业项目，积极引入社会资本参与投资和经营。充分发挥公共财政的杠杆作用，采取以奖代补、先建后补、贴息、政府购买服务等方式，加大全局性、关键性、公共性的城镇化项目建设扶持力度，建立金融机构放贷、担保机构融资担保补偿激励机制，对向城镇基础设施、战略性新兴产业、公共事业项目贷款的商业银行给予优惠政策，推动城镇化建设和经营。加快发展各类投资基金，通过多种方式，促进保险资金间接投资城镇化基础设施、重点工程项目，促进社会资本单独投资城镇化基础设

施项目,加强与国企合作投资,规避投资风险,提升社会资本投资积极性。

二、发展重点特色小镇,促进县域经济内部均衡发展

我国县域经济的本质是农业农村经济,县域内部乡镇数量众多,通过推动乡镇经济和社会的发展,能够有效促进县域经济发展。建设特色小镇,是加快新型城镇化的重要途径,通过特色小镇引领乡镇经济发展,带动提升周边农村基础设施建设和公共服务水平,实现县域经济内部的城乡协调和均衡发展。

(一)开展乡镇调整撤并,以特色小镇带动县域内部乡镇发展

仁寿县经过数次行政区划调整,目前划分为60个乡镇,大小不一、人口不均,发展很不平衡。通过乡镇撤并,以自然禀赋良好、经济发展较快、交通基础条件较好的大乡镇为基础,建设特色小镇,吸收兼并周边经济较为落后的小乡镇,形成特色小镇带动周边乡镇发展的良好格局,为推进新型城镇化奠定坚实基础。

科学确定特色小镇规模及限度。开展乡镇撤并的前提是设置合理的乡镇规模,应该围绕特色小镇发展需要、辖区群众需要、社会治理需要等3个方面进行。一是特色小镇的规模要有利于区域整体发展,发展前景良好,上层建筑与经济基础相匹配,规模设置就具有合理性。二是特色小镇规模要满足群众方便办事需求,更好地优化政府公共服务的供给。三是特色小镇规模要适应自身的财政、组织、技术、管理能力。在满足以上3个方面需求的同时,规模设置要充分考虑特色小镇的自然禀赋。地势平坦、交通方便、人口较为集中的地区,特色小镇规模可以相对设置大些,有利于发挥规模能级优势、集聚产业。深丘地区交通条件相对较差、人口居住分散,特色小镇规模不宜过大,开展社会治理不便捷。

强化特色小镇支撑带动周边发展。依据现有自然禀赋、产业基础,科学划定县城区、新城区和特色镇辐射带动范围,确定"城区牵引、三镇支撑、全域发展"的路径,辐射带动全域新型城镇化,进一步增强县域经济发展的协调性和整体性。在县城区、富加县城新区和县域北部视高产业新城的基础上,分别在县域东部、西部、南部分别建设3个特色小镇。县

域其余乡镇主动对接3个特色小镇,按照功能分区,重点发展与特色小镇主导产业相辅相成的林果业、现代物流业、乡村旅游等,实现优势互补、错位发展。特色小镇要加强与周边乡镇协同合作,加强资源、信息和平台等共享,一方面开放合作整体联动共同发展,一方面突出各自特色互相良性竞争,形成合力推动全域新型城镇化。

统筹兼顾做好乡镇撤并后续事宜。将保障被撤并乡镇群众利益放在首位,将被撤并乡镇、边远乡镇基层组织建设作为突破口,高标准建设公共服务机构,在政策、技术、项目、资金和人员等方面,加大对被撤并乡镇、边远乡镇倾斜力度,保障群众利益不受影响。统筹做好被撤并乡镇基础设施建设规划,在基础设施上预留提升空间和接入口,逐步推进全域自来水、天然气等基础设施建设,实现全域新型城镇化。

(二)打造3个特色小镇,引领壮大县域内部乡镇经济

根据仁寿县现有的自然禀赋、乡镇人口分布、产业布局、交通现状、发展机遇等,在县域东部、西部、南部分别建设1个特色小镇,带动周边地区推进新型城镇化。

东部区域打造中岗空港产业特色小镇。成都天府国际机场(成都第二机场)定位为国家级国际航空枢纽,辐射整个西南地区,对成都周边地区的经济发展、交通建设、现代物流、开放合作等方面具有重大意义。仁寿县东部有中岗镇、观寺镇、土桥镇、高家镇、文宫镇等十余个乡镇在成都天府国际机场30千米黄金辐射半径内,其中,在中岗镇建设特色小镇的条件最好。一是按照"多点布局、错位发展"的发展思路,根据产业基础、交通状况、劳动力储备等实际情况,在中岗镇发展以临空型加工贸易为主导的空港产业经济,同时搭配发展城市经济、进出口贸易服务业等,有效承接成都天府国际机场空港新城的人口转移,提供产业配套服务。周边乡镇配套建设物流基础设施和物流通道,打造成都天府国际机场物流集散中心。二是充分利用距离成都天府国际机场距离短的优势,按照城市一级快速路的标准,建设15千米长的中岗—成都天府国际机场直达快速路,规划设计海关监管专用通道。在已建成通车的成都第三绕城高速简蒲段,开设中岗镇出入口,高标准建设2千米长的乡镇与高速出入口

的干线公路。三是加强海关政策衔接,成都天府国际机场全域纳入四川自贸试验区,积极争取在中岗镇设立海关特殊监管区域,对接海关、检验检疫部门,简化进出境环节申报、查验、放行手续,实现无障碍通关。开展"单一窗口"建设,实现报关、报检、出口退税、增值税、收汇、付汇等监管核查数据交换与共享。

西部区域打造黑龙滩旅游特色小镇。黑龙滩旅游景区以黑龙滩水库为核心,为四川省首批命名的省级风景名胜区、国家AAAA级旅游景区。景区处于川西旅游热线中部最佳位置,多条高速公路、省道均可到达景区,可进入性强,交通十分便捷,区位优势明显。黑龙滩景区主体位于黑龙滩镇,水库沿岸可开发区域较多、环湖交通基础设施较好,在黑龙滩水库周边形成了长达20余千米的旅游业发展配套带。一是坚持"统一规划、科学选址、逐步推进、集中建设"的原则,以黑龙滩镇现有场镇为基础,统一规划选址建设旅游小镇,逐步开展周边较小的集镇和散居农户的拆迁工作,促进农民进入旅游小镇居住生产生活。二是旅游小镇建设要做好整体风貌设计,按照国家AAAAA级标准建设游客接待中心、商业购物中心、公共停车场等旅游基础设施,提升景区的游览、休闲、购物、演艺等基础功能,深入挖掘黑龙滩水库的文脉,放大特色内涵,和其他旅游小镇具有明显的差异,打造成集观光、垂钓、避暑、疗养、戏水、比赛、生态农业于一体的都市近郊型风情旅游小镇。三是引导周边乡镇发展生态休闲观光农业,在不破坏现有生态链的前提下,借助景区得天独厚的气候条件,发展特色水果种植,并将其转化为旅游商品,比如早春的樱桃、草莓、枇杷,盛夏的桃李,金秋的柚子,冬季的椪柑,让旅客四季都能品尝黑龙滩景区的特色水果,强化旅游小镇产业支撑。

南部区域打造彰加田园综合体特色小镇。田园综合体是集现代农业、田园社区于一体的特色小镇和乡村综合发展模式,能够实现乡村现代化、新型城镇化、社会经济的全面可持续性发展。仁寿县域南部横贯荣威山脉,彰加镇经过长期的农业开发建设,农业产业基础、农业基础设施等已经形成一定条件和规模,树立"工业化发展农业"的理念,建设田园综合体特色小镇。一是强化功能分区,建设农业产业区、休闲旅游区、集中居住区、社区配套区等4个功能区,大力推进整村、整组土地流转,建设居住组团,坚持新建与改建、护建并举,统一建设风貌、统一配置基础设施和公共服务,引导农民自愿到新农村聚居点集中居住,形成农民城镇化居住、产业人口聚集居住、外来游客居住、外来休闲居住、外来度假居住等5类人口相对集中居住。二是引入市场机制,公开选聘投资商或运营商,推进基础设施建设,实现交通、给排水、信息等基础设施的超前规划、滚动开发、联建共享。创新招商机制,加强与沿海发达地区联系,积极参与国内经济协作和区域合作,增强发展活力。三是延长产业链条,将产业基础相同的周边乡镇统一规划进入田园综合体特色小镇,推广应用农业新品种、新技术,集中发展梨、枇杷、晚熟柑橘、花椒、花卉等特色产业。引进、培育壮大农业产业化龙头企业,发展农业深加工项目,针对农产品加工、市场营销等薄弱环节,重点发展产品加工、冷链保鲜、瓜果分级包装等。

(三)建强特色小镇公共服务机构,促进县域内部公共服务均衡

仁寿县经济快速发展和财政支出保障制度的日趋完善,各个乡镇的公共服务机构建设基本达标,从乡镇调整撤并和建设特色小镇的实际出发,应该着重在整合服务机构和服务资源、提升服务能力等方面下功夫,以特色小镇建设为核心,通过建设复合型公共服务机构和基础设施,让乡镇居民和周边农民享受跟城市居民一样的公共服务。

提升公共服务水平。开展乡镇公共服务能力评估,摸清各乡镇服务人口、服务项目、服务质量、服务潜力等方面内容,制定特色小镇公共服务体系建设提升规划和一般乡镇公共服务体系建设巩固规划。将财政资金、人力资源、服务资源等向特色小镇倾斜,按照城市街道办事处的标准,建设提升公共服务机构基础设施和服务设施,建立"统一形象标识、统一项目设置、统一运行流程、统一服务规范、统一资源配置"的乡镇公共服务服务中心,全面提供劳动就业、社会保障、社区养老、文体教育、人口计生、社区安全、流动人口管理等方面的综合服务。

创新服务供给方式。细化公共服务供给过程,从居民最迫切的需求出发,明确供给重点。借助大数据技术,深入分析服务对象个人资料,在科学分析服务对象个人及家庭信息的基础上,有效掌握居民的服务偏好、挖掘潜在需求,进一步提供有针对性、独特的个性化公共服务。借助互联网信息技术,比如在公共医疗方面,可依托智能手机、5G网络、宽带网络等,在乡镇卫生医疗机构开展网络问诊、电话随访及上门等服务。通过网络视频,城市优质卫生医疗机构的医生,可以通过网络视频询问居民的具体情况,针对病人的症状,当场给予建议,开出药方,保障村民"足不出镇"即可享受优质医疗服务。针对行动不便及情况特殊的病人,提供上门诊疗服务,为特殊群众提供更加人性化、有针对性的公共服务。

拓展服务供给主体。发挥社会组织广泛的社会动员能力,通过合同购买、特许经营、公私合作等方式,将一些领域的公共服务生产权完全交给市场,促进多元主体充分竞争,推进多元主体的协同治理。比如,支持乡镇设立服务性企业等,通过政府购买服务的方式,专门提供居民个人事项代办、文体教育、人口计生等方面的服务。在公共服务市场化的过程中,要践行"公开、公平、公正"的理念,尽心尽力为居民提供个性化服务。

三、就业导向发展产业,提升县域经济总体发展水平

县域经济转型的目的是提高县域经济整体竞争实力,核心在于发展现代产业。新型城镇化通过创造高质量的就业岗位,吸引智力、科技、资本等各类优势资源在县域集聚,能够直接促进现代产业发展,人口集聚、充分就业大幅度提高消费,为县域经济转型提供源源不断的经济动力。

(一)发展战略性新兴产业,提升县域产业竞争力

新型城镇化过程中,农业转移人口大部分聚集在城市,工业可以为大部分农业转移人口提供稳定而有效的就业岗位,仁寿县应该以县城区和视高产业新城为重点,加快培育以战略性新兴产业为主体的城市产业群,不断提高产业首位度,产业发展水平领先于县域内其他园区和特色小镇,成为推动县域经济快速发展和解决农业转移人口就业的主要引擎。

发展新兴产业创造就业新领域。县城区坚持"新一代电子信息技术产业"和"生物产业"两个发展方向,以总投资404亿元的信利高端电子显

示项目为龙头,积极引进发展集成电路、信息网络、人工智能等上下游产业链,加快培育新一代信息技术产业集群。依托科伦药业、双陆医疗器械等龙头企业,重点发展生物技术药物、新型制剂、化学药物、医疗器械等生物医药领域,加快推动生物产业发展。视高产业新城坚持新能源、新材料、新科技的高端产业发展途径,建立健全招商引资项目评审制度,重点引进高端装备制造、新能源、新材料及电子通信的高新技术产业,加大新兴产业培育力度,完善高端装备制造、通信电子、新能源电动车、LED光电"四大产业集群",延长高端优势产业链。

建设创新平台吸纳高端人才就业。县城区在新一代电子信息、生物医药、互联网等领域,制定研发平台建设规划,引进研发机构,促进高端技术人才流入,为经济能级提升注入新鲜活力。视高产业新城依托目前在建的视高铂智汇国际创新引擎、中广核高分子材料扩建等重大项目,重点抓工业企业科技创新培育,围绕优势产业集群打造产业技术创新联盟,设立企业扩张、创新品牌、技改投入等奖项,扶持企业打造科研团队和研发机构,满足高水平科研团队、本科以上高校毕业生的就业需求。

加强技能培训实现稳岗就业。战略性新兴产业对劳动者的素质要求较高,在企业实施"腾笼换鸟"工程中,加大对在岗工人的技能培训力度,保证稳定就业不下岗。构建与战略性新兴产业发展相适应的职业技能培训体系,未雨绸缪开展职业技能开发,以劳动力市场需求为导向,建立职业分类和职业技能标准,推动职业技能培训和职业技能鉴定,促进在岗、转岗人员接受规范的岗位培训不断提升素质,使劳动力能够及时有效满足产业快速发展变化的需要。同时,要建立健全失业预警及应急处理机制,及时且合理化援助失业者,了解再就业需求,开展针对性技能培训推动再就业。

(二)发展城市服务业,增强县域经济就业吸纳能力

城镇化与服务业相伴相随、互相协调,推进城镇化促进服务业的繁荣,发展服务业助推城镇化水平的提升。仁寿县新型城镇化的快速推进,使一部分农业转移人口进入城市周边的园区、企业务工就业,一部分农业转移人口直接进入城市,从事与工业化配套的居住、消费、商业等现

代城市服务业,促进城市经济繁荣,发展现代城市服务业成为解决就业的重要途径。

培育高端城市服务业。加大国内外知名商业地产开发商和投资商引进力度,推动其参与商业区开发建设,大力开发和建设城市商业中心和商业综合体,引导高端零售业聚集发展。积极引进、培育和壮大"高知识含量、高技术含量、高附加值"和"新技术、新业态、新方式"服务业,发展研发、创意、金融、物流、营销、服务外包等生产性服务业,提升医疗、教育、养老、文化等高端生活型服务业发展水平,依托城市高端消费创造更多的就业岗位。

拓展服务业产业链。每个产业都存在高、低不同层次的就业,低层次的就业中也有相对较高的服务,发展高端城市服务业,要积极延伸产业链,深入划分服务业的就业岗位,细致开发高、中、低3个档次的就业岗位,就能成倍数地增加就业岗位。比如,城市的建筑装饰服务业,高档次的可以由大型专业装饰公司提供服务,中档次的可以由一般的包工头施工队提供服务,低档次的可以在劳务市场找到水电工、木工等提供服务。制定服务业企业优惠政策,鼓励企业把部分生产环节外包,同时,接受外来企业在本地提供的外包服务,通过相互的外包,推动产业链不断细化,创造更多的就业岗位。

发展社区公共服务业。城市社区快速发展,过去政府、企业等提供的许多社会功能现在由社区承担,必然会创造大量的就业机会。树立"大就业"理念,建立城市社区建设和社区服务综合协调机制,建立政府购买服务、民办公助等制度,鼓励社区、企业成立社区公共服务专门机构,在家政服务业的基础上,开发幼托、邮政、金融服务、商业、安全保卫等公共服务岗位。成立社区公共服务业管理机构,监督社区公共服务业发展,加强城市社区居民与劳务人员的关系协调,推动将现在分散的个人服务行为转变为有组织的社团服务行为,提高服务质量。

(三)加快乡村振兴,提升县域农业发展质量

党的十九大明确提出了实施乡村振兴战略,2018年2月,中共中央、国务院发布了《关于实施乡村振兴战略的意见》。我国县域内部绝大多

数地区属于农村地区,要从国家发展战略的高度出发,加快构建现代农业产业体系、生产体系、经营体系,进一步提高农业创新力、竞争力和全要素生产率,为县域内部广大农村地区实现产业兴旺、生活富裕奠定坚实的经济基础。

加强投入强化农业基础。仁寿县要充分利用全国产粮重点县、全省畜牧生产重点县、全省林业重点县等金字招牌,千方百计争取各级财政配套的项目资金,开展高标准农田、现代果园等建设,提升现代农业基础设施建设。放宽农业领域投资限制,鼓励和引导各类工商资本、民间资本和外商资本进入仁寿,投资建设农业产业化龙头企业,积极发展农村专合组织,健全现代农业生产体系。

发展电商促进农村流通现代化。加快实施电子商务进农村工程,加强与西南财经大学、四川省商务职业技术学院、眉山职业技术学院、阿里巴巴华西电商学院、京东西南区等高校、电商企业合作,组织全县农村专合组织、大学生村官、留守妇女、返乡农民工等不同群体,开展电商培训、实训,推行"学习基础培训+行业专题培训+现场技能培训"的复合模式,帮助培训学员真正掌握电商运营方法,实现电商自主创业。成立农村电商合作社,吸收县域内农村专合组织、特色农副产品企业,安排专门岗位负责日常对接、货源组织和销售、品牌创建等工作,拓宽农产品网上销售渠道。

创建特色品牌提高产品附加值。创建品牌的前提是提高农产品质量,采取产业结构调整补贴等方式,积极建设特色农业标准化生产基地,组织农技专家、业务骨干与农户结对子,推广"以虫治虫""太阳能光伏杀虫灯"等生物和物理防控技术,建立有机农产品栽种、管理、监测、质量追溯管控机制,确保农产品质量安全。设立农产品品牌创建专项基金,重点支持农业产业化龙头企业品牌推广和产品促销、扶持农民专业合作社申请商标、推进"三品一标"认证等。

四、提高城市经营能力,增强县域经济辐射吸引能力

发展县域经济的最终目的,是要让每一名群众都公平享受经济发展带来的红利,不断提高群众的生活质量。新型城镇化通过转变城市发展

方式和提高城市经营能力,提升城市环境质量、居民生活质量和城市竞争力,吸引更多的县内外人口到县域内居住生活,充沛的人力资源将有效繁荣县域经济。

(一)坚持内生培育和引进优质资源并重,提升县城区品质

城市品质是一座城市的精神和气质,伴随着城市的发展过程逐渐培育,集中反映了城市的共同理想目标、精神信念、文化底蕴、行为准则和生活方式,是一种软性实力。一个拥有好的城市品质的城市,能够捕捉到更多的发展机会,获取更丰富的资源,吸引更多的经济增长要素,提升城市综合竞争力,城市品质日益成了构建城市召唤力、辐射力和影响力的核心。

塑造城市良好形象。城市形象是一个城市给人的整体印象,目前,仁寿县城的老城区和新城区建设标准差距较大,新旧对比强烈。按照"建设新城、抽松老城"的思路,统一划定县城区整体风貌和建筑形态标准,严格按照标准开展县城区建设,营造明朗清新的空间氛围。逐步开展老城区拆迁和建筑风貌改造,尽可能降低建筑密度,改变"脏乱差"的形象,逐步实现老城区与新城区整体风貌,提供优质公共服务。"医、教、住、行"是城市居民普遍关心的四个问题,其中的"医"和"教"更是提升城市品质的关键,拥有良好医疗卫生和教育教学资源,能够让本地城市居民安心居住生活,并且能够吸引外来群众居住生活。仁寿县可利用天府新区邻近成都、人口密集、生活成本低等优势,通过提供土地、配套设施、贷款等优惠政策,积极引进国内优质医疗和教育资源,在仁寿县城区兴建高等级综合医院和专科医院,建设高质量品牌私立学校提供十二年一贯制教育,尽最大可能满足近40万城市人口需求,辐射全县100余万农村人口。

(二)提升新城区居住和人文环境,让市民舒心生活

一个城市的发展品质、人气活力集中体现在人居环境,具体又表现在医疗教育、住房保障、生态环境等基础设施建设。历史是城市的根脉,城市的灵魂在于文化,在城市建设和改造中,必须要注重中华优秀传统文化的传承,打造一流人文环境。如何提升居住和人文环境,以满足群众日益增长的物质生活和精神文明需求是城市建设的重要课题。

优化居住环境。视高产业新城建设的起点是视高镇，视高镇过去人口较少、规模较小，为建设视高产业新城预留了较大的空间。产业新城建设要注重功能分区，按照"产城分区"的理念，视高产业新城的产业发展区要与城市发展区形成一定距离，这个距离要科学划定，一方面是就业和居住的天然分隔，一方面要保证在短时间内能够通过公共交通抵达工作岗位，方便城市居民就业。按照纯居住小区模式在城市发展区建设居住小区，便于人口集聚。坚持"配套先行"的理念，高质量建设各类基础设施，引入大型商场、时尚消费、文化娱乐载体，同步建设酒店、学校、医院、商业综合体等配套设施，提高人口聚集程度，建成宜业宜商宜居的国际化现代新城区，实现从"产业园区"向"产业新城"的转变。

培育文化底蕴。一座城市长期发展的氛围和环境，会形成历史的、文化的、特有的、地域的、景观的城市文脉，是一种历史和文化积淀。仁寿县应高度重视城市文化建设，将提升城市文化底蕴作为增强城市核心竞争力抓实。深入挖掘虞允文、石鲁、冯建吴等名人文化和忠孝文化、黑龙滩精神等特色地域文化，在县城区规划建设文化基础设施，或者将文化元素融入建筑、街道、景观之中，营造整体文化氛围，提升城市内涵和品位，人们一方面享受了现代生活，一方面留住了历史和人文的印记。

改善生态环境。视高产业新城要坚持"打造现代田园城市"的理念，注重产业、人文和环境"三个生态"，以及社会、经济与自然的和谐统一，加强治理区域环境污染和提升环境品质，在城市发展区和产业发展区之间建设湿地公园、生态林地公园等特色公园和城市基干公园，让城市居民近距离享受良好的城市生态环境。

(三)健全购房居住政策,保障本地群众正常生活

住房，具有消费和投资的双重属性，具有天然的使用价值，是人们正常生活必不可少的基本生活资料，住房所依附的土地资源具有稀缺性、不可移动性，新型城镇化促使住房需求猛增，多重因素决定了住房的投资价值。视高镇房价高速增长，房地产泡沫、炒房热、空置率高、本地群

众购房难等现象,已经成为人们普遍关注的社会问题,如何应对房价的迅猛上涨、抑制外来群体的大肆炒房、保障本地群众的正常居住生活需求,是推进新型城镇化亟待解决的问题。

严格投资客户购房政策。制定出台合理的限购政策,对外来群体贷款购房的,可要求其提供1年以上的当地纳税证明或社会保险缴纳证明,暂停向拥有1套及以上住房的外来群体发放购房贷款。对外来群体全款购房的,通过税收核查购房资金来源,对于大额的购房资金,需要提供资金合法来源的证明,来源合法的还需要提供完税证明。对已经购买住宅的外来群体,严格规定新购住房转让年限,不到规定年限的住宅一律不得作为二手房转让销售。

增加公共租赁住房供给。建立公共福利性住房供给长效机制,完善居住用地供应计划,逐步加大公共租赁住房的土地供给力度,将公共租赁住房用地供应纳入年度土地利用计划,盘活存量土地、用房,探索将村集体建设用地10%的留用地与存量工业和商业办公用地、用房新改建公共租赁住房。加大与房地产开发企业协调力度,明确规定商品住宅项目用地需要配建的公共租赁住房比例,引导房地产开发企业将自行持有的商品住宅全部用于公共租赁。

整治房地产开发企业捂盘提价。建立健全房地产开发企业价格行为自我约束机制。同时,帮助房地产开发企业加强全过程的成本管控,有效整合提高效率、减少消耗、降低成本,实现企业利润最大化,引导企业多角度拓展发展竞争思路,把房地产开发的期望利润调整到一个合理的区间。

五、加强特殊人群管理,营造县域经济稳定发展环境

(一)加强关怀援助,妥善管理服务留守老人和儿童

随着城镇化的进程,农村留守老人和留守儿童日渐增多,留守老人和留守儿童问题已经成为一个综合性问题,牵涉到教育、社会、法律、经济、心理等各个方面。

发挥农村公共服务机构作用。发挥农村公共服务机构的主导作用,建立登记制度,实行动态管理,每个村的农村公共服务机构建立留守老

人和留守儿童档案,根据实际情况,安排农村公共服务机构作为"法律监护人",承担一定的监护人的教育、监督监护人履行职责的职能,督促留守老人子女和留守儿童监护人尽到义务,确保留守老人和留守儿童正常生活。

建设管理活动场所。村"两委"授权农村公共服务机构建设和管理留守老人和留守儿童活动场所。具体建设中,可将留守老人活动场所和留守儿童活动场所合二为一,按照电视教学室、图书阅览室、健身活动室、文化娱乐室、生活服务站的"四室一站"标准建设,不定期举办文艺汇演、绘画书法展览、体育比赛等多种形式活动,充分发挥留守老人余热,对留守儿童进行看管、教育、陪伴、照护。

(二)综合定向施策,推动"非就业化"群体回归就业

"非就业化"群体作为社会的不稳定因素,应该引起高度关注。"非就业化"群体产生的原因是多方面的,牵涉到行政政策、经济发展、社会环境等多方面的因素,在转变"非就业化"群体的过程中,也需要调动政府、社会、企业等各方面的力量,帮助"非就业化"群体重新认识社会、认识自我,通过再就业,成为社会的正常成员。

基层组织分片包干引导。充分发挥城市街道办事处、社区基层党组织等基层组织的作用,深入排摸辖区内"非就业化"群体真实情况,掌握形成原因、本人意愿等,实行基层组织党员干部、社区工作人员包干包片责任制,每名基层党员干部、社区工作人员联系1名"非就业化"人员,关注他们的思想与劳动技能状况,帮助解决实际问题,大力宣传农转非市民群体中的文明型、学习型、创业型、贡献型优秀典型人物事迹,鼓励"非就业化"群体争做有文化、有素质、懂礼仪、专业特长突出的现代市民。

调动企业实现本地就业。以社区为主要阵地,开办社区学校培训班,采取社区与企业联合办学的方式,开设专业技能课,帮助"非就业化"人员掌握一技之长。鼓励企业放宽招聘条件,对进入企业就业的人员,继续加强岗位技能、企业文化培训教育,保障他们在企业学习1~2门技术、适应2~3个岗位,在企业岗位上找到归属感,真正融入企业,快乐就业。

鼓励创业实现自食其力。"非就业化"群体普遍拥有一定的资产原始积累,应通过政策组合拳鼓励创业,合理有效利用资产实现资本的增值。完善创业空间、创业贷款、政府补贴等创业优惠政策,鼓励"非就业化"群体大力发展电商创业,投资创办专业合作社、家庭农产等农业熟悉领域,开辟绿色通道,及时解决创业过程中的困难和问题,筛选优质项目,集中资源打造几个"创业明星",充分发挥示范带动作用。

第七章　共同富裕背景下普惠金融与县域经济发展

本章以安徽省的普惠金融与县域经济的发展为例进行阐述。

第一节　普惠金融概述

一、普惠金融

普惠金融这一理论的主要目标是在全世界所有地区都建立起具有可持续性及包容性的金融体系,特别是对于欠发达地区。这一金融体系是普适的,换言之,每一个人,在其生活范围内都可以较容易接触到,并且都有机会获得金融体系提供的适当的金融服务和金融产品。在基础概念面世后,世界银行和20国集团进一步研究了普惠金融的基本原理,建立了相关的评价框架用以衡量普惠金融的指标水平,从而得以更加深入地帮助低收入人群摆脱贫困。由此,国际组织及主流政府对普惠金融相关概念进行了明确,并且确立了发展普惠金融的短期和长期目标:短期目标是提高金融服务的公平可获得性、减少社会贫富差距及缓解地区的金融排斥;而长期目标是提升全球范围的经济水平及提高社会整体福利。

近年来,东南亚很多发展中国家在普惠金融方面取得了突出进展,比如闻名遐迩的格莱珉银行,使用并推广具有开创性的"联保模式",为贫困人口增信并且通过道德约束等增强了借款人的履约诚信度,这一模式甚至帮助当地金融机构挺过了全球金融危机的风波。东南亚地区对于普惠金融的积极践行,不仅在现实中为当地贫困人口带来了有效的金融助力,这些经验同时为全球普惠金融研究提供了案例,它们推动并形成了发展中国家及地区的特色普惠金融理论体系。诺贝尔和平奖得主同时也是格莱珉家族的开创者尤努斯的中文版译著中写道,推进普惠金融需要三个方面的努力:一是更加强调社会责任,扩大普惠金融在社会中的公益感召力;二是纠正固有的对于弱势群体的偏见与"歧视",充分激发人类的创造力以及实现提升自身价值的潜力;三是积极谋求独立于传统的解决方案,积极创新服务方式。

二、信息不对称理论

信息不对称理论是指在市场中,各个参与者所获取的信息有广度和深度的差别,有专业与非专业的差别。信息不对称理论认为,在竞争不充分的市场内,信息的差异可以帮助拥有信息数量多的参与者获得超额收益。一般情况下市场中卖方比买方拥有更多的信息,比如美国经济学家阿可洛夫提出的著名的"二手车"问题。信息不对称最终只会导致市场中的"劣币驱逐良币",不利于资源得到有效配置。

在银企关系中,信息不对称往往是存在于双方的。比如对于非上市的企业,公开信息往往很少,银行只有通过找企业进行深度调查以及借助第三方机构比如人民银行、税务部门、市场监督部门等才能探听到企业较为真实的信息。而企业主动暴露的信息真实性又难以控制,因此银行才发展了五花八门的抵押、担保等增信手段。而对于个人独资企业及小微企业而言,它们几乎没有独立的会计核算账务,运营的不确定性也很大,这给银行的风险前期评估及贷后管理带来了很多困难。同样的,企业及个人也很难获取银行的信息,特别是在银行业竞争不充分的县域,刨除偏好大中型客户的股份制银行及大型银行,通常小微企业只有3到4家银行可以进行选择,因为缺少比较,就难以获知资金市场的真实情况,只能被动接受银行的利率定价。与此同时,在一段新的银企关系(或者银行与个人)开始建立时,银行需要花费较高的财务、人力及时间成本对企业进行信息搜集以及信用风险评估,这些费用的投入不仅体现在银行的成本中,最终更是会转嫁为企业的借款成本。

三、银行竞争相关理论

许多文章已经证实,在我国这样金融市场不够完善、间接融资占资金市场主导的发展中国家,信贷资源的有限以及昂贵是制约中小微企业发展的瓶颈。很多地方政府往往以年度信贷投放来衡量其对中小微企业发展做出的努力。因此,许多资源被用于改善世界各地的信贷供应。

关于银行竞争是否可以增加信贷可获得性,学界有不同的声音。传统学界观点认为,竞争的加剧会降低融资成本并增加获贷机会。但是信息假说通过实证分析认为,在信息不对称的市场中,竞争更激烈时不具有充足信息的借款人在借贷资金市场反而会受到限制。

第二节　银行对县域经济发展的贡献研究

笔者拟解决的核心问题为"银行支持县域经济发展的机制建立",因此本章节必须基于一个前提——安徽省银行业对其县域经济发展确有支持作用。为了证实这一前提并进一步了解银行业对安徽省县域经济的推动作用差异,本部分将基于已有数据对其进行分析论证。

一、模型设计

信贷是商业银行对县域金融支持最主要的且可以量化的手段,本部分拟通过线性回归分析得出信贷规模或增长率对于不同县域经济的拉动系数,并以此表明贡献度的大小。地区GDP作为经济发展水平的表征,是模型的因变量。由于GDP及信贷的单位都是人民币"亿元",因此省去考虑通货膨胀对GDP以及信贷的影响,直接使用名义数值进行回归。本节拟通过信贷数据与县域GDP的OLS及增长率模型回归结果,探讨信贷对不同县域经济的拉动作用。模型使用线性回归模型主要是参考卢国荣对甘肃省贷款投入贡献率的测算方式。

此外,由于2008年到2017年窗口期仅为10年,用于拟合的数据量偏小,可能导致估计不准。因此将在稳健性检验部分使用固定效应模型进面板数据的整体分析,并且求出安徽省县域经济整体的信贷拉动系数,给出更具一般化的定性结论,即从总体上印证"信贷可以拉动安徽省县域经济的增长"。

二、实证过程

(一)样本选取

选取安徽省62个县市近10年(2008—2017年)社会经济数据作为基础,进行本部分讨论研究,数据来源为《安徽省统计年鉴》及《中国县域统计年鉴(县市卷)》。受行政区划改革的影响,2012年巢湖市由地级市降格为县级市,2015年铜陵市由县改为义安区,为保持数据的一致性,笔者在后续处理中已经将这两个地区数据进行删除。此外,由于临泉县信贷数据有缺失情况,在样本中将其删去。因此最终观测对象为安徽的59个县市。

(二)指标选择

1.县域经济发展指标选择

选取安徽省59个县市2008—2017年的地区生产总值作为因变量,描述县域经济发展状况,同时选择地区生产总值的年增长率作为备选组因变量。

2.银行业效用指标选择

选取安徽省59个县市2008—2017年的信贷投放量作为自变量,描述银行业效用,同时选择地区信贷投放的年增长率作为备选组因变量。

(三)模型建立

使用OLS模型,拟合县域信贷投放与地区生产总值之间的变化趋势,从拟合结果的显著性、Beta系数大小分析这两个变量之间的关系,分析安徽省银行业金融服务对县域经济的贡献度的大小及不同地区的差异性。

$$Model1: G_{it} = a_i + \beta_i \times C_{it} + \varepsilon_{it}$$

其中:G_{it} 为县市 i 在 t 年的地区生产总值;a_i 为截距项;β_i 为县市 i 的信贷促进系数,即每增加1亿元信贷投放可以引起当年地区生产总值的增加的数量;C_{it} 为县市 i 在 t 年年末金融机构各项贷款余额;ε_{it} 为随机误差项,满足相互独立、均值为0、同方差假设。

此外,由于很明显无法排除上一年信贷对下一年的经济影响,于是结合不同时间点数据信息,将上述两个变量G_{it}和C_{it}进行对数处理后得到增长率数据,再使用增长率数据进行类似的回归,依据其统计结果作为对照参考。

$$Model2: g_{it} = a_i + \gamma_i \times C_{it} + \varepsilon_{it}$$

其中:$g_{it} = In\left(\dfrac{G_{it}}{G_{i(t-1)}}\right), C_{it} = In(C_{it}/C_{i(t-1)})$。$g_{it}$为县市$i$在$t$年的地区生产总值率;$a_i$为截距项;$\beta_i$为县市$i$的信贷促进系数,即每增加1亿元信贷投放可以引起当年地区生产总值的增加的数量;C_{it}为县市i在t年年末金融机构各项贷款余额;ε_{it}为随机误差项,满足相互独立、均值为0、同方差假设。

(四)模型回归结果

1.模型一:贷款投放与县域生产总值回归结果

使用县域数据进行第一次回归分析。结果显示除霍山县、芜湖县、繁昌县以外的所有县市回归结果显著性都非常强,截距项及系数项的P值均低于0.01。从Beta系数β_i的大小来看,安徽省各县市的信贷拉动作用存在较大的差异性。少数县市Beta系数低于0.5,大部分县市Beta系数位于0.5至1之间,近四成的县市Beta系数大于1。

2.模型二:贷款投放增长率与县域生产总值增长率回归结果

使用县域数据进行第二次回归分析。研究过程中对20个县市的数据进行了线性拟合,结果显示几乎所有截距及系数均不显著,截距项及系数项的P值均高于0.01。因而认为从增长率角度考虑贷款投放对县域经济拉动的作用意义不大,为减少重复工作,剩余39个县市并未再进行回归拟合。

(五)稳健性检验

1.加入控制变量的检验

(1)检验模型建立。由于样本数据量较少,每个县市的数据长度仅10年,GMM等稳健性检验方法适用性不足,因此选择添加控制变量的方法对模型一进行稳健性检验。在县域可获得的数据中,选取独立性较强且差异性较大的人口规模数据作为控制变量加入模型一中,形成如下的检测模型(Model Test):

$$Model\ Test: G_{it} = a_i + \beta_i \times C_{it} + \gamma_i \times P_{it} + \varepsilon_{it}$$

其中:G_{it}为县市i在t年的地区生产总值率;a_i为截距项;β_i为县市i的信贷促进系数,即每增加1亿元信贷投放可以引起当年地区生产总值的增加的数量(亿元);C_{it}为县市i在t年年末金融机构各项贷款余额;γ_i为每一万人口增加对当地经济的促进作用系数;P_{it}为i县t年的户籍人口总量;ε_{it}为随机误差项,满足相互独立、均值为0、同方差假设。

(2)统计结果。为了确保检测模型的有效性,作者使用SAS工具对本模型59个观测样本的内部共线性进行了检验,发现每个县市的检测模型数据方差膨胀因子均低于10,因此不具有多重共线性。从回归结果可以看出,加入"人口总量"这一控制变量后,除灵璧县、界首市、蒙城县、利辛县、宿松县以外,信贷对于经济的正向作用仍然显著。其中,Beta系数较低的仍然是寿县、阜南县等,Beta系数较高的仍然是繁昌县、枞阳县等地区。因此可以认为模型一的回归结果是与现实相符的,并可以证明安徽省县域信贷对经济发展有显著促进作用,且在经济更为发达的地区拉动作用更明显。

2. 固定效应模型的检验

经济增长是一个受多重因素影响的变量,为了解决遗漏变量及内生性问题,拟采用固定效应模型对安徽省县域信贷贡献度进行整体定性评价。

(1)F检验及豪斯曼检验。在使用样本选取部分的59个县市2008年到2017年信贷及地区生产总值建立面板数据后,分别使用F检验和豪斯曼检验验证选择建立固定效应模型是不是恰当的。通过检验发现,F检验及豪斯曼检验的P值均低于0.001,从而拒绝原假设(原假设H_0:接受随机效应而非固定效应),选择固定效应模型进行回归拟合。

(2)固定效应模型建立。建立模型如下:

$$Model\ Fix: G_{it} = a_i + \gamma_t + \beta_1 \times C_{it} + \varepsilon_{it}$$

其中:G_{it}为县市i在t年的地区生产总值率;a_i为个体固定截距项;γ_i为时间t的固定效应;β_i为安徽省各县域信贷对经济的促进系数,即每增加1亿元信贷投放可以引起当年地区生产总值的增加的数量(亿元);C_{it}为县市i在t年年末金融机构各项贷款余额;ε_{it}为随机误差项,满足相互独立、均值为0、同方差假设。

(3)统计结果。结果显示安徽省县域信贷对经济的促进系数整体为0.9823,分区县进行OLS回归的各信贷拉动系数中位数为0.9245、均值为1.0238,与这一数据与实证部分分县区统计的结果高度一致。明显说明信贷投放对安徽省县域经济具有正向且较强的拉动作用。且可以佐证在模型一中分个体进行OLS的回归结果具有现实性,可将该模型回归结果中的Beta系数代表各个地区的信贷拉动系数大小。

第三节　普惠金融背景下
银行支持县域经济发展机制构建

一、微观:降低经营成本与银行多元化发展

经验告诉我们,如果银行的经营成本降低,为了提高市场占有率,银行将会通过主动让步对每位客户收取的费用,从而谋求整体利润的提升。使用基础经济学理论对其进行分析也能得到同样结果。在市场中,基本认同以下两条结论:①边际成本具有递减效应;②边际成本等于边际收益时,利润达到最大化。

当银行经营成本整体降低时贷款边际成本曲线也会下降。在不完全竞争市场中,为提高总利润,银行势必会通过降低商品价格以使其获得更好盈利。如图7-1所示,在非完全竞争市场中,当MC曲线下移时,必然导致MC与MR的交点向右侧移动,即利润最大值点变为一个出售量更多、售价更低的情形。在本小节,将会通过实证分析的方式对上述推论进行验证及分析。

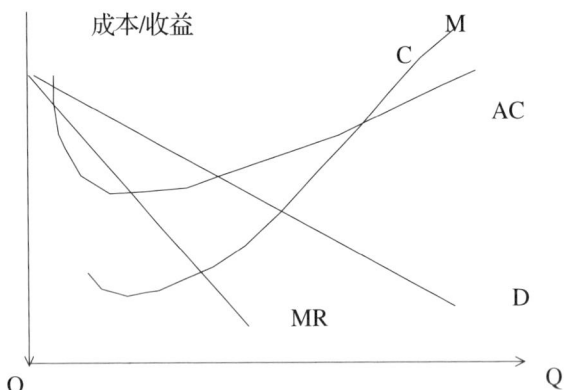

图7-1 不完全竞争情形下的MC-MR曲线

(一)指标选择

为了论证上述"经验推测"在现实中是否成立,需要讨论商业银行放贷利率与经营成本之间的关系。同时,为了研究商业银行多元化经营对贷款利率的影响,还需要加入可以代表经营结构的数据来进行控制。由于各家银行直接的加权平均贷款利率数据难以获取,笔者选用了更容易获取的替代指标进行分析。商业银行贷款平均收益率数据、成本收入比、利息收入占比,分别刻画商业银行贷款的平均利率水平、经营成本水平及银行多元化经营程度。将其分别标记如下:

贷款平均收益率,其数值等于贷款利息收入与各项贷款的比值,ITA数值越大表明银行利率水平越高。

成本收入比,该指标反映商业银行的经营成本高低,CTI越高,表明银行的经营成本越高。

非利息收入占比,该指标等于银行非利息收入/营业收入,反映银行收入来源中非利息收入的占比,NTO越高,表明银行经营的多元化水平越高。

安徽省各县市的银行业构成基本为"农业发展银行+非政策性大型银行+股份制银行+城市商业银行+农村银行机构"的模式,而农业发展银行(以下简称"农发行")主要服务于大型项目,对当地普惠金融服务供应占比较少,因此本书不对农发行的相关情况进行探讨。安徽省本土法人银行除了城市商业银行(以下简称"城商行")徽商银行及民营银行新安银行外,均为农村商业银行(以下简称"农商行")及村镇银行。其中新安银行因数据过少不纳入统计,因此城商行仅能选择徽商银行为代表。而农商行均由安徽省联社纳入统一管理,发展及经营模式大同小异,村镇银行一般由农商行发起设立,其形态相当于"缩小版"的农商行。

在观测样本的选取方面,充分考虑到安徽省县域银行业机构的构成情况。在农村银行机构样本选取方面,合肥科技农商行作为安徽省辖内规模最大的农商行,马鞍山农商行作为已经设立21家村镇银行的农商行,其各项指标情况可以代表安徽省农村银行机构的一般水平。因此徽商银行、合肥科技农商行、马鞍山农商行这3家机构将在本章节回归部分及稳健性检验部分纳入对应的银行种类进行讨论。此外,本章节选择纳入回归的大型银行和城商行、股份制银行均为在安徽省设立分行的机构。

综合上述情况,笔者通过Bankscope数据库及安徽地区金融监管机构获取了包含上述3个指标的商业银行数据,由于Bankscope数据库2011年以前完整度较差,因此选用2011—2018年共8年的数据。基于各行数据完整程度及银行性质分类,分别抽选了4家不同种类的银行进行了分析:大型银行——工商银行,股份制银行——中信银行,城商行——杭州银行,农村银行——马鞍山农商行。

(二)回归模型

1.模型构建

由于所选用三种指标均为百分比数据,因此在进行模型构建时直接将原数据放大100倍进行去百分号的回归,即例如默认贷款平均收益率为4%的观测值中ITA=4。逐个控制加入的自变量,构成下述3个模型进行回归(Er为随机误差项,满足相互独立、0均值、同方差假设):

$$Model3:ITA_{it} = a_i + \beta_i \times NTO_{it} + \varepsilon_{it}$$

$$Model4:ITA_{it} = a_i + \gamma_i \times CTI_{it} + \varepsilon_{it}$$

$$Model5:ITA_{it} = a_i + \beta_i \times NTO_{it} + \gamma_i \times CTI_{it} + \varepsilon_{it}$$

2.回归结果

对取回数据进行回归,结果如表7-1所示。

表7-1 经营成本与经营多元化对信贷利率影响的回归

机构名称	模型	Alpha	Alpha-P值	Beta	Beta-P值	Gama	Gama-P值
工商银行	Model3	8.6723	0.0844*	−0.1513	0.4378		
	Model4	−1.2558	0.3364			0.1991	0.0017***
	Model5	1.7903	0.379	−0.1277	0.1102	0.1958	0.0014***
中信银行	Model3	7.5435	0.0000***	−0.0736	0.0072***		
	Model4	−1.8188	0.0576*			0.2131	0.0001***
	Model5	−3.2283	0.2479	0.0132	0.5714	0.2436	0.0071***
杭州银行	Model3	7.1802	0.0041***	−0.1051	0.3212		
	Model4	−1.2494	0.4448			0.1974	0.0083***
	Model5	−6.0402	0.0195*	0.1187	0.0249***	0.2892	0.0020***
马鞍山农商行	Model3	4.2124	0.0002***	0.0577	0.0264**		
	Model4	0.7572	0.7575			0.1062	0.1048
	Model5	3.8726	0.2371	0.0544	0.1807	0.0094	0.9076

（1）CTI（经营成本）的影响分析。从表中可以明显看出,除马鞍山农商行的 Gama 系数大于0但不显著外,每家银行 CTI 的影响系数都是正数且显著,说明银行的经营成本对其投放信贷的利率有正向的拉动作用。其中以工行和杭州银行为代表的大型银行及城商行经营成本拉动作用不及股份制商业银行中信银行。在模型中添加 NTO 因子后对 CTI 拉动系数 Gama 的影响可能变大也可能变小,但都未使得这一因子的显著性发生变化。

（2）NTO（经营多元化）的影响分析。通过回归数据发现,当非利息收入占比增加时,进行更加多元化的经营使得农商行增加贷款利率,但是使得股份制银行的贷款投放利率降低。在模型中加入经营成本CTI因子后,这种显著性不复存在。且大型银行及城商行的这一因子在模型回归中均不显著。

通过观察基础数据发现,中信银行的NTO是这4家银行中最高的,而马鞍山农商行的NTO是这4家中最低的。沈韵兰(2019)使用我国26家上市银行数据测算后也发现城商行和股份制银行的稳定因子得分最低。因此可以大致反映当经营多元化水平较低时,增加经营多元化会提高银行贷款投放的利率,当经营多元化水平较高时,增加经营多元化会降低银行贷款投放的利率。从经验上来说这是容易理解的,当银行经营多元化水平低时,如果要增加多元化经营,势必要增加对员工培训、基础设施、广告宣传的投入,这些投入早期在没有产生规模化时提高了全行的经营成本,最终转嫁为平均利率的提升。当经营多元化已经达到较高水平后,提高经营多元化水平会增加收入但不会过高增加成本投入。这一问题因此转化为经营成本对贷款投放利率的影响。

(3)截距项。在截距项显著的股份制银行及农商行模型三回归结果中,可以看出股份制商业银行的截距项——可以理解为某种意义上的"综合基准利率",较农商行高出近4个百分点。但导致这一情况的原因可能是由于信贷投放对象的差异。

综上,可以认为,降低商业银行的经营成本,不论是何种商业银行,都会使其贷款利率下降,即企业获贷成本下降。但是多元化的经营给银行信贷利率带来的影响可能是正向的也可能是反向的,这取决于银行的类别及已有多元化水平的高低。

(三)稳健性检验

对照上述回归部分的数据选取,重新选择4家对应类别的商业银行数据进行回归分析,同样是在Bankscope可获取数据的商业银行信息中随机抽取的符合类别要求及安徽省地域特点的4家银行,用于检验上述统计结果的稳健性:大型银行——农业银行,股份制银行——浦发银行,城商行——徽商银行,农村银行——合肥科技农商行。

1.检验数据回归结果

表7-2为检验组经营成本与经营多元化对信贷利率影响的回归。

表7-2 检验组经营成本与经营多元化对信贷利率影响的回归

机构名称	模型	Alpha	Alpha-P值	Beta	Beta-P值	Gama	Gama-P值
农业银行	Model3	2.3287	0.5736	0.1670	0.4618		
	Model4	−3.5395	0.0221**			0.2261	0.0002***
	Model5	−3.1448	0.0988*	−0.0331	0.6892	0.2315	0.001***
浦发银行	Model3	7.1127	0***	−0.0568	0.0152**		
	Model4	1.9354	0.2028			0.1274	0.027
	Model5	8.5730	0.2453	−0.0717	0.3454	−0.0368	0.8311
徽商银行	Model3	6.6072	0.0001***	−0.0333	0.3195		
	Model4	0.1017	0.9464			0.1937	0.0064***
	Model5	0.8149	0.5617	−0.0263	0.1382	0.1862	0.0061***
合肥科技农商行	Model3	7.4445	0***	−0.1104	0.0365**		
	Model4	−0.5982	0.7037			0.1756	0.0033***
	Model5	−5.3053	0.2805	0.0811	0.3056	0.2747	0.0332**

2.检验组回归结果分析

（1）CTI（经营成本）的影响分析。从表中可以明显看出，被随机选中的4家银行Gama系数均大于0且有较强的显著性，说明银行的经营成本对其投放信贷的利率有正向的拉动作用。其中农业银行的拉动作用最强，这与表7-1中有所不同，工行和杭州银行为代表的大型银行及城商行经营成本拉动作用不及股份制商业银行中信银行，因此这一比较关系"股份制银行经营成本拉动贷款增长效应更大"在实际中并不能成立。在模型中添加NTO因子对CTI拉动系数Gama的影响可能变大也可能变小，但都未使得这一因子的显著性发生变化。除了浦发银行，上述其他随机选取的几家原本显著的银行均未发生变化,因此可以认为这一结论具有普适性。

(2)NTO(经营多元化)的影响分析。通过回归数据发现,当非利息收入占比增加时,进行更加多元化的经营使得农商行增加贷款利率,但是使得股份制银行的贷款投放利率降低。在模型中加入经营成本CTI因子后,这种显著性不复存在。且大型银行及城商行的这一因子在模型回归中均不显著。

通过观察基础数据发现,浦发银行的NTO是这4家银行中最高的,而合肥科技农商行的NTO是这4家中最低的。可以大致反映当经营多元化水平较低时,增加经营多元化会提高银行贷款投放的利率,当经营多元化水平较高时,增加经营多元化会降低银行贷款投放的利率。从经验上来说这是容易理解的,当银行经营多元化水平较低时,如果要增加多元化经营,势必要增加对员工培训、基础设施、广告宣传的投入,这些投入早期在没有产生规模化时提高了全行的经营成本。当经营多元化已经达到较高水平后,提高经营多元化水平会增加收入但不会过高增加成本投入。这一问题因此转化为经营成本对贷款投放利率的影响。上述结论与表7-1的回归结果一致。

(3)截距项。在截距项显著的城商行、股份制银行及农商行模型三回归结果中,可以看出股份制商业银行的截距项——可以理解为某种意义上的"综合基准利率",与农商行及城商行相差不大。这与表7-1的比较结果不同,充分说明截距项的大小取决于单体银行自身的资产结构。

结合模型三、模型四、模型五包括稳健性的两次检验,可以得出经证实的结论:不论是何种商业银行,降低商业银行的经营成本,都会使其贷款利率下降,即企业获贷成本下降。但是多元化的经营给银行信贷利率带来的影响可能是正向的也可能是反向的,这取决于银行已有多元化水平的高低,即已有多元化水平偏高的银行增加多元化可以降低信贷利率,已有多元化水平偏低的银行增加多元化会使信贷利率升高,而多元化水平居中的银行提高多元化经营对信贷利率没有显著影响。

(4)其他检验。为了进一步探究上述情况在跨机构之间是否成立,选用了Bankscope中的随机10家中国商业银行进行2018年数据回归分析,发现模型三、四、五均不显著,主要原因是没有对商业银行其他差异化的元素进行控制,也得出,两个银行业机构之间,如果仅有的信息是A银行的综合成本率高于B银行,那么并不能理所当然地得出A银行平均贷款利率高于B银行。

(四)统计分析

根据上述实证分析结果,我们可以得出结论并给予县域银行业下述发展建议:一方面,银行自身要通过压缩不必要开支、提高效率、优化负债结构、提高机器替代化水平、提高电子银行推广率等降低综合运营成本,银行在追求利润最大化的过程中会主动降低贷款产品价格,从而能够为中小企业带来数量更多且更优惠的融资机会,同时解决了融资难和融资贵两个问题。另一方面,经营业务多元化高的机构应该在条件允许的情况下发挥长处提高其多元化经营水平,进而推进银行的贷款利率水平下降。与此同时,对于一些本身多元化经营程度不高的农商行、村镇银行等机构,除非设立了比较完善的长期多元化经营发展计划,否则贸然提高多元化经营只会加重成本负担,提高贷款利率水平,不利于普惠金融服务的增进。因此这些主业单一的银行机构应该坚守主业,把重心放在降低综合运营成本上,而不是偏离主业冒进创新。

二、中观:减少信息不对称

(一)银行业的竞争

按照经验分析,当市场中供给方的竞争增强时,势必会改善需求方在市场中的地位,提高其议价能力。但是在资金市场中,银行业的竞争并不一定可以促进金融可得性也即普惠金融的增进,只有因地制宜地进行金融市场结构的设计才能使竞争起到促进作用。比如Dialloetal使用145家银行数据实证发现银行竞争会引起银行本身的无稳定加剧,进而波及所在的金融市场。引用王雪等的发现,只有在金融基础设施较为完善的非贫困县,银行业的竞争才有利于普惠金融的深化。而在贫困县,只有扎根当地的银行法人机构——农商行和村镇银行能较为显著地推进普惠金融的深化作用。因此在经济状况较好的县域应当适度引进银行等金融机构的进驻,扩张当地金融市场的供应规模,增进银行间的竞争,这会对县域经济产生有利的影响。

而贫困地区应推动建立根植本土的法人银行,它们的命运与所在县域经济息息相关,因此其决策会更具有整体性和可持续性方面的考虑,而不是分支机构可以审时度势临时撤退。因此贫困县市政府也应出台相应政策扶植当地银行法人的设立,并且在财政及资产保全等方面为地方法人银行提供支持,鼓励本土银行的崛起与发展。

(二)提高企业的信息透明度

从减少信息不对称的角度,在企业层面可以主动做到的是提升自身的信息透明度。对于存在融资困难的中小微企业,其受到融资约束主要有两个方面的原因,一方面融资规模小、信息不完善但贷款调查成本高,另一方面是缺乏足够的固定资产作为抵押。因此企业既不能依靠抵押贷款又难以获取信用贷款,即便是在金融市场供应方竞争充分的情况下,也无法为中小微企业缓解资金困境。比如张金清和阚细兵研究发现,信息越不透明的企业,银行的竞争对缓解其融资压力的作用越小。这主要是由于信息的缺乏容易导致中小微企业的逆向选择和道德风险等问题,限制了银行对其进行资金投放的积极性,一旦中小微企业的透明度提高,就可以明显地缓解银行对其的信贷抑制。

具体来说即通过基本银行账户的完善、税务信息的完备、流水账务的真实详尽、票据合同的合法有效等手段。另外,中小微企业主本人,是银行评估企业风险及信用的重要考量,需要尽量减少其个人在金融市场的违约行为,积累并保持良好的信用。这些都将有助于提高企业的信息透明度和充分性,从而缓解银企的信息不对称。

(三)扩展银行关系的数量

Bonfim的研究证明,在葡萄牙一家类似人民银行的中间信用登记机构记录的信贷数据信息中反映,当一家公司除了原有的银行关系外,还与另外一家银行保持信贷关系时,其银行贷款利率会较同类企业平均下降约14至28个基点,并且只有信用好、信息透明度不高的公司(即小公司和信用记录信息少的公司)才能通过保持更多的银行关系,从而降低融资成本。这主要是由于信用登记处允许银行共享信用信息,企业与银行保持良好的信用关系可作为公司质量的侧面反映。就如同心理学中所说,拥有一个朋友的人比没有朋友的人更容易结交其他朋友。对这些中小微企业来说,建立额外的关系可以让更多银行获得和交换有关它们所拥有的信息,从而改善银行开出的贷款条件,减缓融资约束。随着国内征信体系的完善,从人民银行申请的企业及个人版征信报告中都会反映个人当前及历史的贷款情况,因此对于国内中小微企业而言,也可以通过与多家银行建立信贷关系的方式增加其在信贷市场的优势。

三、宏观:法律环境的优化

粟勤利用我国 31 个省级地区 2011—2016 年经济金融相关数据进行研究,发现改善地区法治环境有助于促进普惠金融的发展。对于提升普惠金融背景下银行支持县域经济发展机制来说,法治环境的优化是不可或缺的重要一环。

(一)资产认定与处置机制的完善

孙宗宽指出我国地方金融生态较大程度依赖于所处宏观制度环境。根据笔者监管银行业不良贷款处置的经验分析,由于线上被执行人公开系统的运用以及对征信体系的完善,县域金融法律环境较前些年有了较大的改善。但是仍然存在难以处理的事件,例如司法拍卖程序缓慢、抵债资产处置不顺畅等难题。从法治环境改进的层面来说,还需要多个环节的共同努力。对于政策制定者,需要根据实际情况不断进行调整,比如对银行核销不良贷款的认定需要更加灵活,则可以帮助银行尽早走出不良资产的阴影,进而解放出精力进行新业务的拓展,增加企业及贫困人口的融资机会。又比如可以出台对知识产权、林权等无形资产更具体的认定办法,并且配套设立完善相关的评估、证照收发鉴定部门,这将有助于县域借款人获得增信。对于法院、公安等执行部门来说,特殊情形需要采取更加雷厉风行的手段,以免贻误银行最佳追讨时机,因此可以加速银行处置资产速度并减少不必要的资源空置,使得社会资源运转速度加快。可以说,加速不良资产处置对于社会各层级来说都是一种"帕累托"改进。

（二）营造诚信的营商环境

从社会诚信文化营造的角度,在一个法制体系完善的环境中,理性的借款人更偏向于遵守法律、减少违约。而银行对客户的贷款定价因子为:资金成本+违约率+其他投入。维持信任不被打破,可以降低地区的整体违约率,进而降低借贷成本。张志国分析了诚信的营商环境对信贷市场的影响,通过实证研究证明良好的诚信氛围,有利于缓和银行与借款者之间的猜疑和冲突。由于借款人违约概率更低,银行可以将更多的信任投注于企业,而企业反馈并释放出的信息也会更丰富、更真实。此外,在法制健全的前提下,在诚信的环境中,企业甚至可以使用自身的商业信用进行融资,这样银行可以将注意力集中在产业链中的核心企业,构成规模效应,提高了资金运转的效益,在宏观上有利于整体资金成本的下降。

在操作层面,可以通过行业协会的建立形成同行监督,不仅有助于形成行业互助的良好发展生态,也有助于提高协会会员的信誉度。这种模式将个体违约与群体信誉相关联,形成了类似"联保"的效果,有效地降低了借款人的违约概率。

（三）提升消费者权益保护

金融消费者的获得感与满意度是普惠金融推进过程中重点关注的两个方面,已有实证证明消费者保护政策可以有效改进普惠金融。因此应着力提升金融消费者权益保护,从立法、执法层面明确责任,减少"踢皮球"现象,积极化解消费者与机构之间的矛盾纠纷,提升金融消费者的满意度,进而提升县域银行业普惠金融服务质效。

我国针对金融领域消费者权益的保护没有制定专门的法律,而配套的补充机制也并未建立。唐文婷等也提出地方政府行为会因受绩效评价影响而削弱对职能履行的优先次序,比如农村金融消费者权益保护在政策设计和执行层面的效果不佳。《消费者权益保护法》可以用于处理金融行业消费者的权益侵害场景,但是金融业发生的各类侵权事件涉及很多法律及金融专业知识,这一保护法难以对其中的核心纠纷进行定论和解决,甚至无法直接定性消费者权益是否受到了侵害。政府需要针对金融领域消费场景制定专门的消费者权益保护法律,明确受理金融消费者纠纷的责任部门,明确金融消费者自身的权利和义务,建立起金融市场的秩序。

我国金融消费者权益保护制度已经在逐渐建立,但其改革的完善程度尚落后于欧美、日本等一些发达国家,如美国已经陆续颁布了《家庭住房权益保护法》《诚实贷款法》《消费租赁法》《房屋贷款人保护法》等法律用以在各种金融消费场合保护公民权益,我国当前的消费者保护法无法满足实际需求。价值立法水平不同的情况下,不同的法律法规冲突的突出表现是金融消费者权益保护的法律法规单一,体系性、统一性不足,当发生金融消费者权益受到侵犯的具体事件时,就会带来很多问题。

决策部门已经采取了许多措施比如监管机构合并等改革从而集中力量解决金融消费者的各种信访投诉等问题。但我国金融消费者权益保护管理机构依然不健全,金融消费者权益保护有待加强。一是消费者协会属于综合性的部门,日常需要处理来自各行各业的消费者投诉,而金融领域的消费者投诉事件固有的专业性、复杂性,处理过程中涉及的大量专业知识和法律背景,让消费者协会无力应对。与此同时,银行证券的专门法律又没有明确指出哪一金融监管机构专司保护金融消费者权益的职责。

金融消费者保护的另一个角度是加强银行的信息披露。通过对服务、产品及银行经营现状的公开、真实披露,使得消费者可以更加公平、确切地了解到关于银行服务或产品的信息,从而选择合意的银行作为其金融产品供应商。目前我国对于银行信息披露的规制较少,目前使用较多的是原银监会于2006年颁布的《商业银行信息披露办法》,以及2008年证监会发布的对商业银行信息披露的特别规定。但对于一般化银行服务及理财产品方面的披露工作约束性不够明确,而这恰恰也是发生金融消费者投诉事件最多的“重灾区”。

因此,从加强消费者权益保护的角度,需要从金融纠纷处置、金融交易权责划分、银行等金融机构信息披露等的法律或规则制定入手,出台更为细化和明确的职责要求。

(四)加强监管的作用

有学者利用国内近200家商业银行2014年至2021年的面板数据研究发现,从整体上来看,对金融业的强监管可以显著控制银行的个体风险。特别是对于农村商业银行,加强监管显著地降低了个体机构的风险,从而在微观层面控制了系统性风险的发生。王勉对加拿大和中国银行监管作用的分析发现,在中国,监管的独立性越强,越会促进银行业规模的发展,并且提升银行业的效益。因此应当在县域内,通过人民银行、银保监会及地方金融监管局的合作监管,加强对县域银行业的监管,改进县域银行的效益,从而改善县域银行业金融的供给水平,促进县域经济发展。

第八章　共同富裕背景下县域经济发展中的政府职能转变——以永城市为例

第一节　政府经济职能转变相关理论基础

一、相关概念界定

(一)政府职能

1.政府职能范畴

政府职能是一个历史范畴,政府是国家意志的执行机构,政府的职能是国家职能的重要组成部分,在传统意义上,政府最基本的职能是保护国家安全、建立外交关系、维护公共秩序和道德、促进民主政治建设,以及经济和社会的政治职能。国家的发展促进了经济和文化的繁荣,为社会公共服务提供了社会管理功能。各级政府和部门由于政府要求的职责不同,其具体职能也有所不同。政府职能是政府在地方管理中所承担的社会管理职责和功能。依法治国的治国方针,明确要求政府在履行职能时要有法可依、严格执法、违法必究,对政府的执政能力提出了更高的要求,对其经济职能的履行进行了更严格的规范。

2.政府职能责任

从维护国家利益的角度出发,政府作为国家机器组成部分,有责任调整自身与其他国家地区之间的关系,包括政府与政府之间的关系、政府与经济体之间的关系、政府与社会经济的关系,有效地调节经济关系,管理经济活动是国家权力赋予政府的职能。国家的权力赋予行政机构的职能在现代法治国家中被以法律的形式固定下来,政府经济职能有法律依据,需以法规为准。基于政府经济职能的履行和要求,本章节的所有研究中,政府在促进经济发展中的作用都是在政府经济发展职能的履行上,在以市场为主体的基础上讨论的。

(二)政府经济职能

1.政府经济职能含义

政府经济职能是政府职能中的重要职责,有其特定的含义,从根本上说,政府的经济职能是指从社会经济生活的宏观角度出发,规划、协调、服务和监督国民经济的职能和责任。政府通过组织和干预社会经济活动,以达到一定的促进经济发展目的的方法、措施和手段的方式来履行经济职能。

政府的经济职能包括两个层面:一是在微观层面,主要是维护社会经济发展的经济职能;二是在宏观层面,主要是促进社会发展和有关经济事务的进步。现代国家政府经济职能也随着人类社会的发展和市场经济的发展,从之前的微观层面,向着宏观经济职能上发展。

2.政府经济职能转变

随着社会的发展,政府职能的性质、内容、手段和方法发生相应的变化,及时转变政府职能,是实现县域社会进步与经济发展目标的关键。改革开放以来,特别是党的第十四次全国代表大会召开以来,随着社会主义市场经济体制的建立,在我国政府职能转变取得了重大进展。然而,随着我国市场经济体制的不断完善和加入世界贸易组织、《区域全面经济伙伴关系协定》的签署等,对政府的职能提出了新的更高的要求。如何实现政府职能,快速有效地适应经济发展,是我国政府面临的挑战,不仅关系到经济体制改革的成败,而且关系到政治体制改革和社会稳定的重大问题,目前我国政府职能转变的重点是政府经济职能转变的完善。

(三)政府经济管理的作用

微观经济层面:①制度建设:在现在各类经济融合发展的情况下,经济社会的运行也是政治社会的运行,经济社会的正常运转,需要为此建立政治制度框架,经济体制、市场机制才能有效运行,政府必须制定经济发展政策、法律法规等维持经济秩序政策运行。②价格管控:在市场经济条件下,供求关系决定了大多数商品的价格,但市场自愿调整价格是盲目的,并不总是对经济有利。例如,政府根据一定的规则制定价格,以防止盲目和生产过剩,并防止任何损害所有人利益的事情。再例如,为了支持某些行业的发展,政府控制某些商品的价格,对与国民经济和人民生活有关的商品设定价格上限。

宏观经济层面:①财政政策:财政政策是一种经济政策,政府通过改变总体财政平衡和结构来调整宏观经济,以实现政府的经济目标。其作用机制是通过调解总需求变化,对总需求与总供给的关系进行适当的调整,最终达到总需求的平衡的目的,有税收和政府支出两个基本部分。②货币政策:货币政策是国家对货币的供应根据经济发展的需要而采取的政策。在市场经济不断发展,经济形势日趋复杂的背景下,通过控制货币发行的公共控制已经演变为政府监督宏观经济活动的有力工具。法定准备金、贴现率以及发行政府债券是主要货币政策工具。货币政策以间接的方式对市场进行调节操纵。一些政府部门利用公权力控制货币流量的整体转换,利用利率杠杆对宏观经济的调控是间接的,它有助于控制总需求,保护特定市场的分销效率。

二、县级政府及职能

(一)县级政府结构

县级政府在我国行政体系中作为基层单位,也是我国重要的行政、经济和社会单元。县级政府作为国民经济和社会发展的基础,早在2000多年前的秦朝,在郡县制度下,郡县作为一个行政区域已经存在。

(二)县级政府职责

县级政府接受上级的领导,并且受到县人民代表大会及其常委会的监督,但是作为基层的行政机构,县级政府在完成国家方针、措施、战略方面能够落实到地方,是真正能够接触百姓,将政策实惠给到地方人民的基层行政单位。其也会领导地方基层组织,比如乡镇政府和其他派出机构,是对地方经济发展和社会稳定负责的。从历史到现在,县城作为一级行政区域,起着连接中央、省、市、乡的作用。

三、国内政府职能理论及政府职能转变理论

我国政府职能在最初由我国社会主义的性质决定,毛泽东在《论人民民主专政》一文中阐述:总结我们的经验,集中到一点,就是工人阶级(经过共产党)领导的以工农联盟为基础的人民民主专政。中华人民共和国成立后,在参照了苏联经验的基础上建立了我国的政府职能模式。党的十一届三中全会后,邓小平提出解决党政不分、政企不分的问题,明确政府要向企业下放权力。在南方谈话时,明确按照社会主义市场经济的要求重塑政府职能体系。党的十七大后,政府职能转变基本以深化行政管理体制改革,建设服务型政府为中心。党的十八大后,按照建立中国特色社会主义行政体制目标,深入推进政企分开、政资分开、政事分开、政社分开,建设职能科学、结构优化、廉洁高效、人民满意的服务型政府。党的十九大报告提出,转变政府职能,深化简政放权,创新监管方式,增强政府公信力和执行力,建设人民满意的服务型政府。

从我国政府经济职能转变的情况来看,主要有以下几方面的经验:第一,紧紧把握住中国特色社会主义的政府职能建设方向。第二,政府经济职能转变要按照社会主义市场经济体制的要求,适应社会主义条件下的市场化需求。第三,政府职能转变要紧紧以生产力发展为目标,把成果落实到经济建设上来。第四,搞社会主义市场经济,因为有经济发展的现实需要,更因为我国的社会主义性质,有更多的社会因素要考虑,因而始终注意了发挥国家宏观调控的职能。

四、县级政府经济发展职能与县域经济

综上所述,县域经济在市场的作用驱动下,以县域内经济发展为形式,进行资源配置,以农业发展为基础,发展第一产业为主,二、三产业相结合,县域经济属于综合性区域经济。与此同时,县域经济的发展的运行机制也会对政府经济发展职能产生影响,也会出现类似产业结构不协调、公共服务供给不足、人才缺乏等问题,需要政府应用行政职能手段去调控。

(一)县级政府职能

作为县级政府,其政府经济发展职能的主要作用就是维持县域内经

济系统的正常运行。县级政府在发挥履行职能的过程中,也不是完全独立的,任何职能的履行都有多重效果,经济职能主要表现为对社会经济生活进行管理的职能,行政职能是政府在社会管理和公共服务过程中所担负的职责和所发挥的作用,其中在经济调节、市场监管、社会管理、公共服务方面的职能对于经济的影响较大,其他职能也直接或间接影响着县域内经济的发展。

(二)县级经济运行

从我国县级政府职能发挥与县域经济发展来看,县域经济的发展得益于县级政府的积极有效管理,县域经济的发展与县级政府职能发挥相关联,不同阶段的经济发展对政府职能的要求不同,政府所发挥的经济发展职能也有一定的区别,县级政府既对县域经济发展起监督作用,又参与县域经济的发展管理,同时也服务于县域经济的发展。

第二节　永城市政府在发挥经济职能方面存在的问题与分析

一、永城市政府经济职能履行方面存在的问题

(一)公共服务不充分

为了解基层人员对政府经济职能转变探索的评价,通过调查问卷的反馈,并且与永城市政府工作人员以及部分乡镇、村社干部和村民进行访谈,可知,在近年来的发展过程中,虽然在美丽乡村建设方面,县政府做了很多工作,提供了一定的公共服务,提升了生态环境,但是也存在一些应当予以重视的问题。永城市政府公共服务水平发展不充分,公共物品提供和公共服务供给的质量存在一定短板,公共服务投入与经济发展环境不相适应。与市场体系建设相关的政府信息服务平台建设工作迟缓,服务地方经济发展的能力不足,导致农产品信息局限性高,部分农产品虽然质量优、价格廉,但并不被市场所了解,导致永城市现有农产品普遍存在产品品质不高,产品竞争力不足,市场规模小,生产加工企业设备

落后,产品销售辐射面有限等问题。

(二)人力资源开发不足

政府工作人员在适应当前经济发展环境方面存在一定差距,专业知识充足、业务水平过硬的人才不足,尤其是适应当前企业经营、管理与发展的人员相对欠缺。由于地处西部地区,在科学研究、技术开发、技术推广等方面的人才也相对缺乏,专业人才队伍建设需要进一步加强,政府制定了《永城市引进高层次专业人才办法》,加大了人才队伍的引进,但由于受到发展环境、地域环境等多方面因素的影响,短时间内很难迅速改变现有状况。作为农业城市,农业经济对县域经济的发展贡献度较大,但是在农业专业技术方面的人才相对缺乏,现有人员农业技术水平不高,专职农民技术人员和农民经纪人相对欠缺,与当前农业现代化发展的需求存在一定差距。工作方式方面需要进一步改进,对于自身职业的角色定位还存在一定差距,服务能力与服务意识需要不断转变与加强。

二、永城市政府在经济职能转变方面存在问题的原因

(一)政府与市场主体角色混淆

政府的经济角色是经济管理者和服务员,政府借助经济、法律和行政等措施进行经济干预和调控,促进经济健康有序发展。政府在管理经济中拥有权力,能够通过国家权力干预经济,调整市场中过于集中的资源,改善阻碍经济发展的问题,但是政府如果依靠其权威性过度干预经济行为,会对经济运行形成不利影响,与干预的目的背道而驰。政府是服务市场主体的角色,不能越位。政府如果直接干预经济发展,其角色定位错位。行政措施主要通过强制命令和直接限制来实施,在一定的经济发展时期,需要政府以其权力直接管理社会经济活动,并以这种形式严格限制当事人的经济活动,通常是以下达任务的形式。但由于县政府协调整合发展的能力有限,政府往往管理很多不该管、管不了、管不好的事情,这其实是政府角色的错位。由此,机构效率低下,经济活动积极性受挫,经济得不到快速发展。

(二)政府在发挥经济职能方面存在缺位

永城市地处河南最东部,处于河南、山东、江苏、安徽四省交汇处,被称为河南省的东大门,素有"豫东门户"之称。地方政府习惯于依赖国家政策,自身经济发展能力不足,县级政府没有更多地去研究适合区域经济发展的政策制定,对于县域特色经济发展投入不足,而是把精力放在了争取国家项目、基础设施建设项目。政府的主要职能应是制定县域经济发展政策,制定符合县域经济发展的战略,规范生产关系。然而,目前永城市政府的公共行政和社会服务职能仍然相对薄弱,政府经济发展职能转变缓慢,突出表现为政府的"缺位"现象。

(三)行政权力关系不顺畅

虽进行了机构改革,但仍存在政府职能转变不到位的问题,职能交叉,整合度低;机构设置重叠,行政组织结构不合理;行政职权的运行机制不健全,导致部门众多、权责不清、多头管理、协调困难、效率低下等问题。行政组织结构不合理,部分部门权责不清,权责脱节,部分部门职权重叠,职能设置模糊,导致部分部门争权夺利,拆台推卸责任,造成严重内耗,降低行政效率,增加运行成本,影响行政目标实现。

(四)政府在发挥经济职能方面存在越位

为了实现短期经济利益,有时政府会直接干预市场。地方保护政策的实施对于经济资源和生产要素的合理配置起到了阻碍作用。这样既对县域内市场秩序的可持续发展带来不利影响,同时也不利于统一市场的有序形成。此外,为了完成业绩指标,政府会采取一定手段使经济在短期内快速增长,在牺牲正常的市场竞争秩序的情况下直接或间接干预市场,或是对一些不合适的企业视而不见,在吸引投资的同时盲目追求经济增长,破坏经济和环境的可持续发展,形成政企不分的模糊局面。有时候政府为了自身的利益,对竞争市场进行不必要的、不合理的监管,进行寻租、设租活动,有些行为直接对政府经济职能的有效发挥起到了阻碍作用,违背市场资源的基本配置原则。

第三节 永城市政府推动县域经济发展的经济职能转变路径

一、永城市政府经济发展职能定位的原则

新时期,永城市委、市政府将习近平新时代中国特色社会主义思想作为理论指导,深入学习贯彻党的十九大和十九届二中、三中、四中、五中、六中全会精神。在疫情防控常态化的前提下,坚持稳中求进的总基调,坚持新的发展理念,落实高质量发展要求,坚决打赢"三个硬仗",扎实做好"六稳六保",不断扩大优势,弥补不足,突出重点,突破瓶颈,寻求创新,培育动能,狠抓"五重"工作。以全面深化改革和创新驱动发展为根本动力,以提高发展质量和经济效益为目标。

二、加快提升履职能力

一是找准定位,明晰方向,融入发展新格局。永城市委、市政府站在新起点、落实新要求、谋划新未来,坚决服从服务大局的要求,充分发挥自身优势,立足发展实际,确定"打造豫鲁苏皖四省结合部区域性中心城市,建设商丘副中心城市"的发展定位,明确"打造制造业区域中心、现代服务业区域中心、综合交通体系区域中心、文化旅游区域中心"的发展目标,始终在一张蓝图下谋划和推进永城融入商丘经济社会框架,力争成为商丘县域经济发展的排头兵和标杆,努力在商丘跨越发展进程中作出永城新贡献。

二是备受重视,多方支持,统筹兼顾促发展。为积极贯彻省委、省政府关于直管县发展重要精神,商丘市委、市政府充分肯定永城在商丘经济社会发展中的重要地位,在经济社会发展中对永城寄予厚望,始终保持支持直管县改革发展的力度。商丘市主要领导多次深入永城调研,为永城发展出谋划策、指明方向,出台"一方案十专案",将永城纳入高质量发展的大盘子,外出招商积极推介永城,推动三洋铁路、引江济淮等重点工程在永城境内的建设,充分利用省政府赋予省直管县(市)、省辖市级

经济社会管理权限,支持永城走出一条具有商丘特点、永城特色的高质量发展道路。

三是加强协调,落实保障,同频共振谋新篇。永城市委、市政府及各单位、各部门主动对接,积极融入商丘市直部门的各项工作,持续完善工作机制,明确工作责任,尤其在党建、招商引资、项目建设、环境保护、脱贫攻坚等重点工作上得到了商丘市委、市政府的大力支持,相关规划的不断完善,政策措施的积极落实,及时帮助解决了永城在实际工作中出现的各类问题和困难,实现了永城与商丘同频共振,共谱经济社会发展新篇章的良好局面。

三、优化人才队伍建设

当前,人才资源是县域经济发展的重中之重,由于县域经济、工作环境、生活环境等,永城在人才吸引上存在一定的障碍,县级政府需要通过构建完善的人才体系,加强人才队伍建设,吸引有一定专业知识、业务素质水平过硬的人才参与到全县经济社会创新发展中。随着政府对经济管理机构进行一定数量的撤销,说明政府的经济职能范围正在不断缩减。政府职能也在适时调整,政府政务事项逐渐向综合服务型转变。政府综合能力提升,政府履职效能优化,需要通过优化人才队伍建设来实现。

(一)推进企业人才队伍建设

推进企业人才队伍建设对提升企业发展水平、产品质量和企业效益有积极作用,通过鼓励和支持工业企业开展项目合作、股权激励、兼职工资、人才租赁等方式引进高层次人才。同时要配套积极政策,加大企业管理人才和技能型人才的培养力度,依靠市场机制和发挥企业作用,促进人才要素市场化配置。通过开展人才交流,搭建平台,提升人才队伍综合实力,选拔优秀年轻干部到重点企业工作,送毕业生到企业开展就业援助等。协助企业做好生产管理、招商引资、新技术推广、产品升级等服务。组织县内企业家去各高校学习培训,学习电子商务、科技规划、企业融资等知识,引导企业形成新的发展业态。

(二)开展专业技术人才建设

推动创新驱动,开展专业技术人才建设。开展拔尖人才素质提升工程,进行全市拔尖人才专项培养,提升专业技术和业务水平。发挥双创带动作用,发展研究开发、技术转移、创业孵化、知识产权等双创服务平台,提升专业化服务能力。引进国内知名专家、学者和企业家,招聘专业技术人员,指导和帮助各种专业技术人员扮演的角色在创业创新智库中发挥作用,发挥其专业优势,以创新驱动发展,实现永城市经济在当前经济发展新常态下的合理转型。

(三)加快农村实用型人才建设

加快农村实用型人才建设,推动产业转型升级。深入实施农村劳动力技能培训项目,提高培训工作的针对性和实效性,促进培训项目的规范化和长期性。让农村劳动者掌握一个或两个农村实用技术,获得农民的专业资质,并雇用合格的和有经验的人才,吸引农民技术人员和科技教师,实现特色产业和新兴产业的创新发展,推进县域内制种等特色产业、新兴产业的创新发展。

四、改善经济发展环境

(一)抓高质量发展,提升创新驱动

做强"3+1"四大主导产业。牢牢抓住化工、装备制造、食品和新材料产业的基础优势,利用新一代信息技术,推动重点龙头企业5G智慧化应用、企业上云、数字转型,实现绿色、减量、提质、增效发展,让传统产业"老树发新枝"、焕发新活力。

持续推进"三大改造"。在传统优势产业提质增效的基础上,引进上下游配套企业,带动产业链整合和产品结构调整。坚持智能制造主攻方向不动摇,加快引进与现有资源禀赋、产业基础相关联的高新技术、智能制造等一批战略性、成长型项目。继续深入开展"两化"融合管理体系对标、贯标,实施关键岗位"机器换人"行动,加大智能车间、智能工厂培育力度。加快构建绿色制造体系,建立绿色工厂、绿色园区、绿色设计产品、绿色供应。

加快推进"两区"发展。积极做好产业集聚区二次创业,完成产业集聚区规划修编工作,重点推进永辉不锈钢、皇沟工业园等重大项目,积极培育新的经济增长点。抓好商务中心区建设,加快"创本城市之星"、健康运动中心等重点项目建设。做好金保跨境电子商务试验区招商和运营管理工作。

加快推动第三产业提质升级。加快推进"两区"服务业发展,做大做强核心商贸圈、专业贸易市场和物流集散中心。加快新兴业态发展,促进家政服务、电子商务、文化培训、体育健身、健康养老等业态发展,促进消费选择多元化。加快高端服务业发展,促进总部经济、金融保险等业态发展,全力引进总部企业、金融机构在永城市设立分支机构,不断提高服务业档次和品质。加快培育消费惠民新增长点。建设精品景区景点,开发打造精品文旅线路,围绕建设2个AAAAA级、3个AAAA级、5个AAA级景区的景区质量等级提升目标,推进智慧旅游建设项目、大运河文化公园、美丽演集乡村旅游项目、日月湖休闲旅游区建设项目等重点项目建设,努力打造具有永城特色的文化旅游目的地。

(二)抓乡村振兴,加快农业农村现代化

加快农业农村产业发展。全面落实省政府"四优四化"部署,不断调优种植结构。持续推进高标准农田建设,确保高标准农田配套的基础设施良好运转、长期发挥效益。继续抓好粮食生产,继续实施优质小麦3030工程和玉米、大豆优质粮食工程,建立富硒、强筋小麦生产基地,培育发展一批富硒面粉生产企业。加快永城市小麦现代农业产业园建设,培育农业产业化龙头企业,以五大面粉企业集团、皇沟酒业等骨干企业为龙头,发挥其辐射带动、链条合作、协同配套作用,深入发展农业产业化,加强品牌建设,推动农业高质量发展。推动农村产业融合发展,依托农业产业化龙头企业和联合体,推动一、二、三产业融合发展。加快启动牧原集团、新希望集团百万头生猪养殖屠宰项目建设,进一步完善300万头的生猪养殖屠宰基地建设。

加大农业农村基础建设。推动农村基础设施和公共服务设施提档升级,实施村庄基础设施改善工程,攻固提升农村供水保障能力,扎实推进

"四好农村路"建设,提档升级乡村电、气、通信、广播电视、物流等基础设施,健全运营管护长效机制,强化公共服务供给城乡统筹,推进城乡公共服务一体化。加快人居环境村容村貌整治,深入实施"百村示范、千村整治"工程,加强农村垃圾污水治理,健全农村人居环境设施管护机制,保证长久发挥效用。

(三)抓项目建设,增强发展动力

加快推进重大建设项目。2021年,永城市共谋划实施各类项目171个,总投资770.4亿元,年度计划投资203.3亿元。其中,省下达永城市省级重点项目15个,总投资222.9亿元,年度计划投资72.05亿元;商丘市下达永城市重点项目56个,总投资442.3亿元,年度计划投资147.51亿元。

聚焦关键领域促投资。围绕延链、补链、强链和强化产业聚焦效应,瞄准核心技术行业领域,扎实推进商务工作,力争全年实际吸收外资5088万美元。

着力强化要素保障。进一步激发民间投资活力,继续加大上级资金争取力度,全年力争实际利用省外资金76亿元;全年力争签约落地亿元以上项目20个,开工建设亿元以上招商项目10个。强化人才强市战略,加强人才保障,实施引才入永工程,完善人才的柔性引进工作机制和弹性工作机制。鼓励校企合作,提升技术工人质量。

(四)抓改革提效,激发经济活力

切实降低实体企业成本。采取有效措施持续降低税费,激励企业内部挖掘降低成本的潜力,为实体经济发展创造良好营商环境。切实稳定市场预期。积极做好市场保供和物价稳定工作。切实优化经济发展环境。持续深化"放管服"改革,加快推进"互联网+政务服务",持续全面落实"一网通办",审批事项"最多跑一次",最大限度为企业和群众办事提供便利。以高质量供给适应引领创造多元化需求,全力推进形成以国内大循环为主体、国内国际双循环相互促进的新发展格局。全面落实发展民营经济的各项优惠政策,促进二次创业和转型发展。进一步增强服务意识,提高办事效率,降低企业经营成本,千方百计为企业建设搞好服务。切实优化要素市场化配置。推进数据信息要素市场化配置,完善个人信息授权和大数据交易制度,扎实推进社会信用体系建设,加快联合惩戒机制的落实,对严重失信企业和个人推行黑名单管理。

(五)抓新型城镇化,拓展区域新空间

持续加强中心城区建设,提升城市管理精细化、智慧化、规范化管理与服务水平。加快农业转移人口市民化进程,加大基本公共服务投入力度,持续完善产业集聚区、商务中心园区基础设施和公共服务设施,推动公共服务向乡村转移延伸,稳步推进特色小镇和美丽乡村建设,逐步构建起结构合理、布局协调、功能互补、集约高效的现代城镇体系。增强区域中心城市辐射带动作用,进一步完善城市基础设施功能,实施动态管理,严抓工程进度及质量安全,确保工程顺利推进。开工建设双湖大道、纬三路等一批市政道路工程。实施大治河河道治理工程,计划建设引江济淮入永30万吨水厂/日水厂及管网配套工程。计划开工建设第二污水处理厂扩容、第七污水处理厂,实施城区雨污水管网改造提升工程,逐步完善农村污水处理厂和配套管网,争取实现污水处理全覆盖。计划实施城区散居片的供暖和居民燃气安装工作。

(六)抓社会事业,增进民生福祉

进一步完善社会保障制度和政策。努力扩大就业规模,突出抓好群体就业创业。持续推进"党晖温暖"十大帮扶行动,完善帮扶机制,提高保障整体水平。完善失业保险制度,落实特困人员救助供养制度,加大临时救助力度。

深入推进公共服务补短板强弱项提质量。坚持教育优先发展,加快城区中小学校改扩建进度,全面消除城区大班额,提升闲置教学点资源利用水平,切实提升教育教学质量。加快保障性住房配套工程建设,稳定房地产市场。合理配置医疗卫生资源,提升疾病防控医疗服务水平。更加关注老年人、残疾人、困境儿童、农村留守儿童、精神障碍患者等社会弱势群体。切实加强妇女、未成年人、残疾人等社会群体权益保护,确保其基本生活得到保障。

进一步加大保供稳价力度。强化价格监测预警,密切关注商品价格异常波动、通缩通胀风险等苗头性、倾向性问题,做好冻猪肉、粮食、蔬菜

等重要民生商品储备和投放,确保重点时段、重点地区市场价格总体稳定。落实社会救助和保障标准与物价上涨挂钩联动机制,及时发放价格临时补贴,有效保障困难群众生活。加强价格宣传和舆情监测,切实稳定市场预期。

(七)抓风险防范、污染防治,提升安全感

做好防范化解重大风险工作。牢牢守住不发生区域性、系统性金融风险和大规模群体性事件的底线,聚焦处置非法集资、提升银行资产质量、规范管理、夯实风险防控基础等重点,建立防范化解金融风险长效机制。防范化解政府性债务风险。强化政府债务限额管理和预算管理,完善债务风险评估预警和应急处置机制,构建债务风险监督机制。坚决维护社会稳定。继续开展扫黑除恶,严厉打击和惩治各类违法犯罪活动。加强法制永城、信访维稳、社会治安、安全生产、市场监管、应急救援等各项工作,坚决预防和遏制重大生产安全、质量安全、公共安全事故发生,强化产品质量与食品药品安全监管。让人民群众幸福感更加充实,安全感更有保障。

做好节能减排和污染防治工作。全力推动绿色低碳发展。落实能源双控目标,调整优化产业结构、能源结构,加快工业、建筑、交通、公共机构等重点领域综合能源改造;围绕资源节约集约利用,推进生物质发电、光伏发电和风电等新能源项目,加大分布式光伏发电的建设规模,提高新建建筑节能水平。持续保卫蓝天碧水。继续开展"散污"企业排查整治,继续强化工业、散煤、扬尘、餐饮油烟、秸秆焚烧等重点领域大气污染物管控,强化污染天气应对;大力推进永城市第七污水处理厂、第三污水处理厂二期工程及污水处理厂提标改造工程等重点项目建设,进一步提升城市污水处理能力;加快推进雪枫沟、王楼沟沿线污水管网整改完善;尽快启动沱河、浍河支流水质提升工程,确保按期完成建设任务。积极推进净土任务。开展全重点行业企业用地土壤污染状况详查,强化土壤污染管控和修复。强化固体废物管理,进一步加强危险废物全过程监管工作,完成全市固体废弃物堆存场所整治。

(八)落实"十四五"规划,统筹发展新空间

《永城市经济和社会发展第十四个五年规划和二〇三五年远景目标纲要》通过后,进一步细化落实"十四五"规划提出的主要目标任务。做好发展战略、主要目标、重点任务、重大工程项目与省"十四五"规划的衔接,切实贯彻落实河南省规划的统一部署;对"十四五"规划确定的约束性指标以及重大工程、重大项目、重大政策和重要改革任务将明确责任主体、实施进度;对纳入"十四五"规划的重大工程项目,将简化审批核准程序,全面确保永城市"十四五"高质量发展良好开局。

参考文献

[1] 安晓明.河南县域经济转型发展路径[J].开放导报,2019(4):108-112.

[2] 曹心梦.绿色发展理念下我国供给侧结构性改革及其路径研究[D].北京:外交学院,2022.

[3] 陈东强.县域产业布局与县域经济发展[M].北京:光明日报出版社,2019.

[4] 陈建波.中国特色社会主义共同富裕道路研究[M].天津:天津人民出版社,2015.

[5] 丁俊发.关于建设全国统一大市场的理论与实施[J].中国流通经济,2022(6):3-9.

[6] 董欣.乡村振兴战略下的农民就业转型研究[D].石家庄:河北师范大学,2022.

[7] 顾芮嘉.市场经济条件下政府职能的转变[J].现代营销(创富信息版),2019(9):143.

[8] 何育静.新型城镇化的理论与实践[M].镇江:江苏大学出版社,2018.

[9] 纪慰华.新型城镇化[M].上海:上海人民出版社,2018.

[10]贾康,苏京春.共同富裕[M].广州:广东经济出版社,2022.

[11]李建伟.新时期县域经济发展模式与案例研究[M].北京:中国市场出版社,2018.

[12]李丽佳.我国普惠金融发展对农村贫困减缓的影响研究[D].哈尔滨:哈尔滨商业大学,2022.

[13]李硕.我国政府经济职能的转变与思考[J].内蒙古科技与经济,2018(13):8-9.

[14]李文.我国政府经济职能的转变分析[J].经济视野,2019
（18）:143.

[15]刘习平.中国新型城镇化转型研究[M].北京:知识产权出版
社,2018.

[16]宁淞柏.普惠金融教育在金融精准扶贫中的效应研究[D].南
昌:江西科技师范大学,2018.

[17]万海远.走向共同富裕之路[M].北京:人民出版社,2022.

[18]王小广,张晏玮,刘莹.加快建设全国统一大市场[J].企业管
理,2022(6):18-21.

[19]吴宝华.新型城镇化发展道路模式研究[M].天津:天津人民出
版社,2018.

[20]伍鹏.湖北县域经济绿色竞争力实证分析与对策研究[D].武
汉:湖北工业大学,2018.

[21]杨剑英,朱鸿雁.县域经济发展差距与战略选择研究[M].徐
州:中国矿业大学出版社,2019.

[22]叶敏弦.县域绿色经济差异化发展研究[D].福州:福建师范大
学,2014.

[23]张丽风.提升河南县域经济发展研究[J].知识经济,2021
（18）:39-40.

[24]张天.数字普惠金融发展的县域差异研究[D].银川:北方民族
大学,2022.

[25]郑功成,何文炯,童星,等.社会保障促进共同富裕:理论与
实践——学术观点综述[J].西北大学学报（哲学社会科学
版）,2022(4):35-42.